Franz Schaub

Das Wirtshaus im Spessart

Franz Schaub

Das Wirtshaus im Spessart

Wahrheit und Legende

Stürtz Verlag Würzburg

Gesamtherstellung:
Universitätsdruckerei H. Stürtz AG Würzburg
Gestaltung: Ernst-Jürgen Lang
Printed in Germany

ISBN 3 8003 0091 5

Inhalt

Unter abendlichen Bäumen, unter dem dünnen Neumond am Himmel steht dann das »Wirtshaus im Spessart«; es ist der Wald von damals, und man sieht sich selber darin, den Zirkelschmied, die ungeheuren Bäume und den Mond, so wie man sich manchmal im Traum von rückwärts und besonders deutlich sieht, in einem Schein, wo es weder Subjekt noch Objekt zu geben schien und jedenfalls noch nichts verdinglicht ist.

Ernst Bloch (Lit. Aufsätze, Band 9)

Ein Wirtshaus in Rohrbrunn

Wann nahmen wir vom »Wirtshaus im Spessart« Abschied? War es gestern gewesen? Oder war es vor langer Zeit, anläßlich einer Stunde, der heute nur noch eine blasse Erinnerung gehört, weil sie zu rasch vorüberging und ihr keine Resonanz beschieden war? Die Fragen bezeugen, daß das legendäre »Wirtshaus im Spessart« tatsächlich existierte, nicht nur als Phantasiegebilde, kein Gegenstand literarischer Erinnerungen an Wilhelm Hauff und an seine Abenteuer.

Das Wirtshaus war uns zu eigen, weniger als Gasthaus im heutigen Sinne, sondern als romantische Kulisse einiger Stunden, die wir in dem Weiler Rohrbrunn mitten im Hochspessart verbrachten, nach Krieg und Zerstörung auf einen neuen Anfang hoffend, mit einer heimlichen Sehnsucht nach der poesievollen Romantik, mit der einst Wilhelm Hauff seiner Zeit einen unverwechselbaren Rahmen gab. Das kleine, unansehnliche Haus, auf der Höhe bei Rohrbrunn hatte den Krieg unversehrt überstanden. An seiner Stirnseite hatte der Maler Bergmann-Franken, gleichsam als Aufforderung hier einzutreten, den Namen »Wirtshaus im Spessart«, mit Schnörkeln verziert, aufgepinselt.

Der Frankfurter Richard Kirn, der liebenswürdige Chronist seiner Heimatstadt, schrieb damals:

»Das Wirtshaus liegt breit und fast prunkend auf

der Höhe. Die Wanderer, auf welchem Gefährt auch immer, fallen wie von selber in seine Tür. Wirtshaus im Spessart, da muß man gewesen sein.

Im Hof steht der Zauberstrauch, der Wacholder, mit schwarzen Beeren. Die Fenster schmücken Geranien und Fuchsien. Im Gastzimmer hängen allerlei Sprüch' an der Wand: ›Die Jäger und die Hund, die fressen alle Stund‹ – und derlei. Die Tische sind glattpoliert, wie müssen hier die Würfel tanzen. Doch wo ist der Graf von St. Germain, wo sein Widerpart Cagliostro? Die Uhr, in die Wand eingelassen, müßten die Herrschaften noch gesehen haben, mit ihren vergilbten Rosen und ihren Rokokoszenen. – Im Saal neben dem Gastzimmer kann man tanzen. Britzebreit sitzt, ein Märchenuntier, ein glasgrüner Kachelofen mitteninne. Und an der Decke hängt ein Leuchter, in den das letzte Posthorn, ein anmutig-zierliches Messingding, eingelassen ist ...«

Und der Aschaffenburger Heimatdichter Julius Maria Becker berichtete:

»Das Wirtshaus im Spessart taucht düster vor uns auf. Wir denken an all das leise Beschwören romantischer Dichter, an Clemens Brentanos zauberhafte Morgenlyrik, an die Lobpreisungen einer Schönheit, die mit ihrer Waldestiefe die Tröstungen sonntäglicher Flucht und ungestörte Einkehr verspricht. Hier erzählt man noch von nächtlichen Schatzgräbern, von gespensterhaften Grenzsteinverrückern und umwandernden Müllern, die manche Art von Schuld zwischen Mitternacht und Hahnschrei verbüßen. Die Wolfsschlucht des ›Freischütz‹ ist hier, aber auch dicht daneben die Rauchsäule des Kohlenbrenners, der Axtschlag des Waldarbeiters und beider so kärglich bemessenes Stück Brot auf dem Hüttentisch.«

Der Wirt, der letzte einer langen Reihe, hieß August Grein, und er soll nicht vergessen werden. Es gab, wenn wir bei ihm in der Gaststube saßen, keine Polizeistunden. Wir konnten singen und musizieren, so viel und so lange wir wollten, und manchmal rezitierte einer irgendwelche Verse, die gerade in Mode waren. Der unvergessene, immer weinfroh gestimmte Anton Schnack, der damals in Kahl am Main »residierte« – wie er gerne sagte – schrieb im Wirtshaus:

»Wer aber dies begehrte: Wald, urhaftes Rauschen, Einsamkeit und märchenblauen Dämmer, und bösen Tierschrei, fürchterlichen sagenhaften Mond, zog durch den Spessart. Wo Stürme sind, viel Schnee im Winter, wo Brausen irgendwo entsteht, riesiger Rauch sich hinzieht über Kohlenmeiler, wo Echo hallt aus Äxten und dumpfem Schlag der Hämmer. Wo Wolken immer dunkel sind in ihrer Fahrt darüber, wo Nebel an den Morgen dampft in Holz und Rohr, wo Silberquellen gehen aus blasser Schlucht, vorbei an Akelei und schlankem, gelben Ginster. Wo Wild vorbeizieht, wundervoll ruhig, in großen Rudeln ...!«

Das paßte zum einsamen Gasthaus. Und es konnte geschehen, daß Fremde kamen und neugierig unser Treiben bestaunten. Wenn vornehme Herren großspurige Geschäftigkeit zeigten, dann mußten sie sich eine humorvolle Hänselei gefallen lassen. Ihre Krawatten wurden abgeschnitten und dann, mit Namen und Daten verziert, in einem Glasschrank aufbewahrt. Waren diese lustigen Zusammenkünfte noch einmal eine Aufforderung dies alles, was mit Wilhelm Hauff verbunden war, zu belassen? Später, als sich unsere Wege trennten, stellte sich mancher diese Frage. Denn der Abschied zeichnete sich schon ab, kaum daß unsere Freundschaft begonnen hatte.

Daß das Wirtshaus eingerissen werden sollte, war damals, als wir in Rohrbrunn in froher Runde eine neue Zeit begrüßten, nur ein Gerücht. Waldarbeiter sprachen davon; die Bauern, die aus Weibersbrunn gerne herauf zur Straße kamen, wußten dieses und jenes von großen Projekten, und die Forstbeamten hatten bereits Anweisungen, in einigen besonders gekennzeichneten Waldabteilungen vorerst keine Forstkulturen anzulegen.

Das Gerücht verdichtete sich, als im Frühjahr 1948 das Autobahnbauamt Nürnberg offiziell bekanntgab, daß eine Autobahn zwischen Nürnberg und Würzburg geplant sei. Das Projekt war bereits vor dem Krieg ausgearbeitet worden und sollte nun verwirklicht werden. Zusätzlich aber wurde noch mitgeteilt, daß die Planungen erweitert und ergänzt worden wären und daß mit dem Autobahnbauamt Frankfurt Verbindung aufgenommen worden sei. Die Autobahn Nürnberg–Würzburg sollte den Verkehrserfordernissen der Zukunft angepaßt und über den Spessart bis Frankfurt weitergeführt werden.

Am 1. August 1948 übergab das Autobahnbauamt Frankfurt die Pläne für eine von Westen her kommende Autobahn dem Autobahnbauamt Nürnberg. In diesem Projekt wurde die Spessartdurchquerung als das wichtigste, aber auch als das schwierigste Problem bezeichnet. Die Spessartdurchquerung löste lebhafte Diskussionen aus, war aber für Rohrbrunn und sein Wirtshaus noch ohne Bedeutung. Das änderte sich erst, als drei Wahllinien von dem zuständigen Autobahnbauamt nach eingehenden Geländeuntersuchungen zur Debatte gestellt wurden. Die Südlinie sollte von Aschaffenburg aus über Obernburg, Hasloch und Bettingen nach Würzburg führen. Die Nordlinie war von Aschaffenburg aus über Waldaschaff nach Weibersbrunn geplant; von hier aus sollte die Linie das Hafenlohrtal durchschneiden und bei Marktheidenfeld den Main überqueren.

Die Diagonale schließlich sah einen Mainübergang bei Stockstadt vor und ging über Rohrbrunn bis nach Würzburg. Auf allen Schriftstücken, Gutachten, Zeichnungen und Skizzen die über die als »Diagonale« bezeichnete Linienführung ausgearbeitet wurden, stand nunmehr der Name Rohrbrunn und sollte nicht mehr gelöscht werden. Er war untrennbar mit der Linie verbunden und wurde so etwas wie ein Kennzeichen für die Spessartdurchquerung. Als im Jahre 1953, anläßlich der Deutschen Verkehrsausstellung in München, die Untersuchungsergebnisse über Kostenanschläge und fahrdynamische Eigenschaften auf den geplanten Autobahnstrecken veröffentlicht wurden, stellte sich bald heraus, daß die »Diagonale« eine Kompromißlösung vieler widerstreitender Interessen war. Zwar war alles noch in der Planung, aber die Vorarbeiten konzentrierten sich auf die »Diagonale«. Im Mai 1953 gab der Bundesminister für Verkehr dieser Lösung seine Zustimmung und das Ende des historischen Wirtshauses in Rohrbrunn zeichnete sich ab. Zwei Jahre später begannen die Bauarbeiten auf den Teilstrecken Frankfurt–Aschaffenburg und Aschaffenburg–Rohrbrunn.

Bereits drei Jahre nach Baubeginn war das erste 13 km lange Teilstück der Spessartautobahn zwischen Stockstadt und Hösbach im Landkreis Aschaffenburg vollendet und wurde am 9. Juli 1958 festlich eröffnet. Die kleine Autobahnstrecke war nicht nur das erste Glied einer modernen Straße, sondern auch die erste nach dem Krieg in Bayern gebaute Autobahn. Entsprechend ihres historischen Wertes wurde sie von Presse und Rundfunk gebührend herausgestellt und als Zeugnis einer großangelegten und weit in die Zukunft gerichteten Straßenbauplanung gewürdigt.

Das Teilstück zwischen den von Frankfurt über Ha-

Die »Verkehrsanlage Rohrbrunn«, so wie sie

sich heute aus der Vogelperspektive darbietet

nau nach Aschaffenburg, und den von Nürnberg und Würzburg gen Westen zu im Bau befindlichen Autobahnstrecken, ließ bereits erkennen, welche Neuerungen die Straßenplaner ausgedacht hatten, um die Spessartautobahn der Landschaft anzupassen. Dem Entwurf für die Straße nach Rohrbrunn lagen vollkommen neue Gesichtspunkte zugrunde. Im Gegensatz zu den vor dem Krieg gebauten Autobahnen, verzichtete man möglichst auf gerade Linien; auf den Entwürfen tauchten zahlreiche Bogen auf, die dann als langgezogene Kurven im Straßenbau nachvollzogen wurden. Die vollkommene Einpassung der Straße in die Landschaft verlangte die Umgehung schöner und wertvoller Waldbestände, forderte eine Straßenführung entlang sanft ansteigender Hänge, über weite Täler und durch Bergeinschnitte, für deren Entstehung nicht allein technische, sondern auch landschaftsgärtnerische Überlegungen maßgebend waren. Auf der Großbaustelle zwischen Hösbach und Rohrbrunn waren im Jahre 1958 1800 Arbeiter eingesetzt. Meter um Meter fraß sich die Autobahntrasse durch dunkle Waldabteilungen, durchschnitt einsame Täler und kletterte Hügel und Berge empor.

Im genau vermessenen Bereich wurden uralte Baumriesen gefällt und das Geräusch der stürzenden Bäume drang in die vom Straßenbau unberührten Täler und schreckte die Bewohner der Dörfer im Hochspessart. Daß der Eingriff die Naturschützer und Spessartfreunde auf den Plan rief, und daß es an Protesten nicht mangelte, ist begreiflich. Aber dessen ungeachtet wurde die neue Straße gebaut, und nichts wurde unterlassen, um sie so gut wie nur möglich der Landschaft einzuordnen.

Als die Bäume gefällt und die Stämme fortgeschafft waren, kamen sogar Jugendliche aus Frankreich, Holland, Belgien, der Schweiz und aus Österreich, um beim Räumen des Astwerks zu helfen. Eine internationale Jugendorganisation vermittelte erste freundschaftliche Beziehungen zwischen Jugendlichen aus ganz Europa, und das erste Gespräch über die Grenzen hinweg fand dort statt, wo heute das weiße Band der Autobahn sich von Aschaffenburg aus hinauf nach Rohrbrunn schlängelt.

Im alten Gasthaus in Rohrbrunn waren viele dieser internationalen Helfer zu Gast, und unsere Zusammenkünfte hatten damals einen völkerverbindenden Charakter. Ich sehe sie noch vor mir, die hübschen Mädchen aus Toulouse und aus Paris, die heiteren Studenten aus Brügge, die Schülerinnen und Schüler, die von überall hergekommen waren, um beim Autobahnbau dabeizusein. Ihren fremden Liedern an den Lagerfeuern lauschten die Bauarbeiter, die aus ganz Deutschland gekommen waren. Und in den Dörfern, wo die Jugendlichen wohnten, fand eine internationale Folklore noch einmal ein beifallfreudiges Publikum, bevor die guten Klänge verhallten und das Fernsehen den Idealisten einer neuen Wandervogelzeit die Resonanz nahm.

Die harmlose Arbeit an der Autobahntrasse verschaffte den ausländischen Gästen kostenlosen Aufenthalt in den Jugendherbergen und in Privatquartieren und einen billigen Deutschlandtrip. Vielleicht haben später einige von ihnen die Autobahn vollendet gesehen; und sie werden ihren Kindern mit Begeisterung berichtet haben, am Beginn der Bauarbeiten dabei gewesen zu sein.

Als die Trasse zwischen dem dunklen Grün des Waldes, dem violetten Schimmer der Wiesen und dem dumpfen Rot des Buntsandsteins wie ein goldener Streifen in der Landschaft lag, kamen die mächtigen

Straßenbaumaschinen, mit denen die Fahrbahnen hergestellt wurden. Der dumpfe Hall der stürzenden Bäume war verstummt, ein klirrendes, böses Geräusch machte sich breit und ebbte erst ab, als alles vollendet war. Mit einem Eifer ohnegleichen waren alle Autobahnbauarbeiter bei ihrer Sache. In verhältnismäßig kurzer Zeit wurden zwischen Stockstadt und Rohrbrunn zahlreiche Brücken gebaut. Die größte davon, die Kauppenbrücke bei Waldaschaff, ist 42 Meter hoch und 440 Meter lang. Auf schlanken Säulen überspannt sie wie eine Zierleiste das Aschafftal. Auf der Strecke bis Rohrbrunn wurden 5 Millionen cbm Erde bewegt, denn zwischen den Tälern und den Hügeln mußte ein Ausgleich geschaffen werden. Einschnitte bis zu 20 Meter Tiefe und Dämme bis zu 40 Meter Höhe waren nötig, um der großen Straße nach Rohrbrunn das Fundament zu geben. Es wurde sogar eine 7 Kilometer lange Eisenbahnlinie zwischen Hösbach und Waldaschaff gebaut. Die Kleinbahn schaffte das benötigte Material nach Waldaschaff zum Fuß einer eigens für die Autobahn gebauten Förderanlage, die den weiteren Transport zu den Baustellen übernahm.

Die schwierigen Geländeverhältnisse, der hohe Aufwand an Material, und der Wille, die Autobahn in der Landschaft nicht als Fremdkörper wirken zu lassen, waren schuld, daß die Spessartstrecke der Autobahn zwischen Aschaffenburg und Rohrbrunn eine der teuersten Autobahnstrecken Deutschlands wurde. Ein Kilometer kostete rund 4,7 Millionen DM!

Am 1. Mai 1959 verließ August Grein mit seiner Familie sein Wirtshaus in Rohrbrunn. Es ging alles zu schnell, um noch einen Abschied, dem Haus gemäß, inszenieren zu können. Die Ereignisse überstürzten sich. Eine große Fläche, um die Verkehrsanlage Rohrbrunn bauen zu können, war gerodet worden, das

Forsthaus, die Posthalterei und die Nebengebäude wurden eingerissen, und zuletzt stand nur noch das Wirtshaus, staubüberzogen und verloren inmitten der riesigen Baustelle, die wie eine Wunde klaffte und kaum mehr ahnen ließ, daß hier einst dichter Wald die Einöde umstand und beschirmte. Bevor die ersten Bagger das geräumte Haus rammten, ließen Brieftaubenzüchter, die aus Aschaffenburg und aus dem Landkreis gekommen waren, einige Tauben, die sie in Verschlägen nach Rohrbrunn gebracht hatten, vor dem Wirtshaus aus ihren Käfigen. Die silberblauen Vögel flatterten in der linden Frühlingsluft hoch in den blauen Himmel, schwebten eine Weile in sanften Kurven um das traurige Haus, um dann in westlicher Richtung über dem Wald zu verschwinden.

Bald darauf stürzte das »Wirtshaus im Spessart« in sich zusammen und eine Staubwolke blieb noch lange in der Kastanie hängen, die niemand anzutasten wagte. Die Kastanie und eine Linde, die einst das alte Wirtshaus umrahmten, stehen noch heute, trutzig und windzerzaust, unweit der Tankstelle, die später auf dem Platz errichtet wurde, wo das Wirtshaus lag.

Der Gastwirt August Grein eröffnete in Wertheim am Main eine Pension, die er »Schönblick« nannte. Und dort erzählte er gerne und immer wieder vom alten Gasthaus in Rohrbrunn, von den schönen Tagen in der Waldeinsamkeit, die uns allen, die Krieg und Gefangenschaft hinter sich hatten, den Glauben schenkten, daß die verlorenen Jahre der Jugend nicht als sinnlos und vergeudet angesehen werden dürfen. Er war die geduldige Mitte unseres Kreises. Er öffnete uns immer sein Haus, war ein guter Berater, wenn es galt ein kleines Fest zu arrangieren, und er würzte unsere Plauderstunden mit zahlreichen Anekdoten, in denen Förster, Jäger, Bauern und Wildschweine eine wichtige Rolle spielten. Er starb am 6. Oktober 1969. Auf dem Friedhof in Wertheim ist sein Grab. Nicht weit davon fand auch unser guter Freund, der Buchhändler Ernst Vollhardt, seine letzte Ruhe. Er trug gerne einen Ebenholzstock mit einem Silberknauf; und er besaß eine Geige und das musikalische Talent eines fahrenden Sängers, so daß es ihm leicht fiel, so manchen Stunden die besondere Würze zu geben.

Auch Paul Urban wurde auf dem alten Friedhof in Wertheim begraben, der heitere, immer zu allerlei Ulk und Spaß aufgelegte Freund aus Schlesien, der die Rohrbrunner Atmosphäre in sein Haus an der Alten Steige in Wertheim zu holen versuchte. Der Optimistischste von uns allen, der Weinkenner von Gottes Gnaden, der trinkfeste Zecher, der begabte Dichter und Lyriker Stefan Andres weilt auch nicht mehr unter uns. Er fand in Unkel am Rhein seine letzte Ruhestätte.

Das »Wirtshaus im Spessart« blieb Erinnerung.

Die Chronik

Erinnerung? An was? An Wilhelm Hauff, an Räuber, an Märchen und Sagen? Nichts von alledem. Das »Wirtshaus im Spessart« in Rohrbrunn trug seinen Namen nur so aus Zufall. Erst nach dem ersten Weltkrieg, als August Jeßberger das Wirtshaus in Rohrbrunn übernahm, wurde der Name »Wirtshaus im Spessart« dem Rohrbrunner Gasthaus offiziell zuerkannt. Vorher tauchte der Name in keiner Urkunde auf. Das »Wirtshaus im Spessart« ist als Titel der berühmten Hauffschen Märchen ein Stück Literaturgeschichte, als Name für ein Gasthaus nur ein gefälliger Schmuck. Die Chronik des Wirtshauses an der Straße in Rohrbrunn klingt unromantisch, sie ist ein Teil der Spessartgeschichte, und sie entstand nicht als Phantasiegebilde an irgendeinem Schreibtisch. Aber sie ist erzählenswert und vielleicht noch spannender als alles, was Wilhelm Hauff in seinem Wirtshaus erzählen läßt.

Der Name Rohrbrunn wird zum erstenmal im 14. Jahrhundert in einer Urkunde erwähnt. Sie wird im Bayerischen Staatsarchiv aufbewahrt und ist »geschrieben und gesiegelt in dem Spechtisharte bi dem Rohrbrunnen«. Damals soll auf der Höhe Quellwasser aus hölzernen Röhren gesprudelt, und eine Jagdhütte des Kurfürsten von Mainz gestanden haben. Die Urkunde

So sah das »Wirtshaus im Spessart« aus,

bevor es der Autobahn weichen mußte

besagt, daß in dieser Jagdhütte am 7. Mai 1339 ein Vertrag zwischen dem Würzburger Bischof Otto II. von Wolfskehl und dem Mainzer Erzbischof Heinrich von Virneburg geschlossen worden ist. Der Erzbischof sah damals seine Lehensrechte im Spessart bedroht und war an einem Schutzbündnis interessiert. In der Urkunde heißt es:

»Und dess zu Urkund ist unser Insiegel gehangen an diesem Brief der gebin ist in dem Spechtisharte bi dem Rohrbrunnen, do man zalte nach Christus Geburt 1300 jar danach in dem nune und 13. jare des Frytages nach sante Johannistag den man nennt ante portam latinam«.

Der Kaiser erkannte den Vertrag, der auf vier Jahre geschlossen war, an. Er bildete die Grundlage für das gegenseitige Vertrauen, das auch noch später immer wieder alle Rivalitäten zwischen Kurmainz und Würzburg im Keim erstickte.

In Rohrbrunn nahm wahrscheinlich auch die legendäre Hirschjagd im Jahre 1412, die zur Gründung von Mespelbrunn führte, ihren Anfang. Damals schenkte der Kurfürst Johann von Mainz seinem Vizedom Hamann Echter die »Wüstung und Hofstätte Espelborn« aus Dankbarkeit für treue Dienste.

Der Wald allerdings war damals noch kaum erschlossen. Er war ein undurchdringliches Gebirge, wie es in Urkunden heißt, aber auch schon ein begehrtes Jagdgebiet für die Kurfürsten von Mainz, die nur wenig daran interessiert waren, ihre Jagdgründe mit Straßen durchschneiden zu lassen. Besiedlung und Verkehr richteten sich nach dem Main, der den Spessart im großen Bogen umfloß. Flöße und Marktschiffe besorgten den Güter-, Personen- und Nachrichtendienst. Aber der Main machte Umwege und es ist verständlich, daß nach Abkürzungswegen gesucht wurde, als im 15. und im 16. Jahrhundert der Verkehr zunahm. So entstand die Birkenhainer Straße: von Gemünden aus über Lohrhaupten auf die Höhe »Birkenhain« und von da aus nach Hanau. Eine andere Straße führte von Würzburg aus über Rossbrunn nach Wertheim, und eine dritte von Miltenberg über Seligenstadt nach Frankfurt. Es waren keine Straßen im heutigen Sinne, sondern Feld-, Wald- und Wiesenwege, die vor allem als Fuß- und Reitwege benutzt wurden. Es waren auch keine geplanten Schneisen durch Wald und Flur; wandernde Menschen hatten sich diese Wege erschlossen, die allmählich verbreitert und stellenweise sogar befestigt wurden.

Der Kern des Waldes, der Hochspessart, blieb ausgespart. Dort waren nur schmale Pfade zu finden, die aber nur selten benutzt wurden; eine Urkunde nennt auch die Gründe dafür.

»Da der Spessart eine lautere Wildnis, da noch kein Haus, weniger ein ganzes Dörfchen darinnen, da man mehr gesorget das Land vor Morden und Rauben zu schonen, als aus diesem Wald großen Nutzen zu schaffen, sind einige von Adel, welche wohlberitten und bewehrte Knechte gehalten, ringsum mit freien Gütern zu dem Ende belehnt worden, um diese Wildnis zu bereiten und allerhand Raub und Mord vorzubeugen.«

Dennoch wurde eine Straße über den höchsten Punkt des Spessarts geplant. Zwischen dem 600 Meter hohen Geiersberg und der 550 Meter hohen Annahöhe war eine Quelle, deren Wasser schon in alter Zeit an eine günstige Stelle geleitet wurde, wo es den durchziehenden Menschen und Tieren dienen konnte. Der »Rohrbrunn« war schon früh ein gefürchteter einsamer Platz im Wald, aber er wurde dennoch immer aufgesucht, wenn die Strecke zwischen Würzburg und Frankfurt rasch überwunden werden sollte. Ganz von

Ein Reisewagen aus dem 17. Jahrhundert.
Die Kutschen wurden oft dreispännig gefahren, um auf den schlechten Straßen gut voranzukommen

selbst ergab es sich, daß sich dort zwei uralte Pfade kreuzten.

Der »Eselsweg« führte über die Höhen von Norden nach dem Süden. Auf ihm brachten Lastesel das Salz aus der Saline in Orb an den Main. Der Weg ging als »Via asinina« in die Geschichte ein. Im Laufe der Zeit aber wurde der Pfad von Osten nach dem Westen für den Verkehr immer wichtiger. Er stellte die kürzeste Verbindung zwischen Würzburg und Frankfurt her, und wer es eilig hatte, wer noch dazu Mut besaß und vielleicht noch ein paar »bewehrte« Männer, die jeden Angriff abschlagen konnten, der wählte den kurvenreichen, gefährlichen, steinigen, schlechten und von stürzenden Wassern ausgewaschenen Weg über Rohrbrunn, denn er brachte Zeit- und damit auch Geldgewinn. Die Straße, auf der man über »Stock und Stein« reiten und fahren mußte, führte von Würzburg aus bis Esselbach durch das Gebiet des Bistums Würzburg, von Esselbach aus bis Frankfurt durch das Kurfürstentum Mainz. Beide Regierungen taten nicht viel, um die Straße in Ordnung zu halten. Auf ihr zogen Handwerksburschen und Spielleute, fahrende Gesellen, Mönche und reitende Boten durch den Spessart. Mehr und mehr aber benutzten auch Kaufleute diese Straße, obwohl mit den Werten, die über die Straße gefahren wurden, auch die Gefahren wuchsen.

Die spärliche Besiedlung des Spessarts mit ein paar Jägerhütten, aus denen sich später Glasmacherdörfer entwickelten, war keine Gewähr für eine sichere Reise. So wurde dem Kurfürsten von Mainz der Wunsch nach einem Geleit für die Kaufmannszüge vorgetragen. Im Jahre 1609 wurde die erste Mainzer Geleitordnung herausgegeben. Mit ihr wurde ein damals schon lange bestehender Brauch, nämlich »bewehrte Leute glaideshalber« mitzunehmen, offiziell bestätigt. Wer von Würzburg nach Frankfurt zu Fuß unterwegs war, marschierte täglich sechs bis acht Stunden. Am ersten Tag konnte er Lengfurt erreichen, am zweiten Tag mußte er im Spessart irgendwo in einem Jägerhaus oder in einer Holzhackerhütte oder sogar unter freiem Himmel nächtigen, wenn ihn nicht ein gütiger Kaufmann in seinem Wagen mitnahm, erst am dritten Tag war er in Aschaffenburg, am vierten Tag in Seligenstadt und am fünften Tag in Frankfurt. So umständlich war damals eine Reise. Wer mit Pferd und Wagen unterwegs war, kam schneller voran. Den Wanderern bot sich zuweilen Fahrgelegenheit, allerdings nur gegen entsprechende Bezahlung. Und mit der Zeit suchten auch die Bauern, die sich allmählich im Spessart ansiedelten, aus der Not ein Geschäft zu machen. Sie stellten ihre Pferde, mitunter sogar Wagen zur Verfügung und boten als »Hauderer« den Reisenden ihre Dienste an. Die »Frammersbacher Fuhrleute«, die so bescheiden ihre Geschäfte begonnen hatten, wurden reich und ihre Tüchtigkeit war auf allen Straßen zwischen Frankfurt und Prag bekannt. Eine Urkunde berichtet darüber:

»Alß noch bey Mansgedenkhen zu gedachtem Esselbach keine Post gehalten, sondern die Reisenden von den Bauern mit Kleppern durch des Speßhard gefurth worden, hat sich Conradt Voidt, welcher ein Bekhen-Knecht gewesen, auch umb einen Klepper beworben, mit welchem er die Passirende nachher Aschaffenburg reiten lassen, er aber zu Fuß mitgeloffen, so lang, bis er souviel Geldts erübrigt, daß er zween Klepper kauffen und selbst mitreiten können. Ist endlich zu solchen Mitteln kommen, daß er ein reicher Mann worden.«

Fuhrknechte und Postreiter

Vieles änderte sich, als die Fürsten von Thurn und Taxis im Jahre 1615 eine neue Postroute von Prag aus über Würzburg nach Frankfurt und Brüssel einrichten wollten. Die alte Geleitstraße bot sich als günstigste Verbindung an. Es bedurfte langwieriger Vorbereitungen, um die strengen Herren in Mainz, die um Rechte fürchteten, nicht zu verärgern. In Mainz residierte damals Kurfürst Johann Schweikard von Kronberg, ein souveräner Herrscher mit einem unwiderstehlichen Drang, seine Macht augenfällig zur Schau zu stellen. Er mußte mit Lamoral von Taxis verhandeln und er war sehr darauf bedacht, von den zu erwartenden Gewinnen seinen Teil zu kassieren. Es schmeichelte ihm, daß er den Titel »Protektor Postarum« verliehen bekam und die Aussicht hatte, zusätzliche Einkünfte zu bekommen. Es wurden zuerst Pferdewechsel-Stationen für die Postreiter festgelegt und dann geeignete Postmeister für die Poststationen gesucht. Daß Gasthäuser zu Poststationen erhoben wurden und die Wirte zusätzliche Einnahmen versprochen bekamen, war selbstverständlich. Bereits im Jahre 1615 wurde die Poststation Bessenbach – von wo aus der steile Aufstieg nach Rohrbrunn erfolgte – eingerichtet. In der noch vorhandenen Urkunde heißt es:

»Heut zum untenbenanten Dato hatt der Edle und

Veste Johann Cosfeldt, bestellter Postmeister im Nahmen und von wegen des wohlgeborenen Herren Lamoralen Freyherren von Taxis, Generalpostmeister im Heiligen Reich und Niderlanden, mit Nicolaus Wagner, Wirt in der Mullen zum Bessenbach an der Straße dahingehandelt, daß er in jetzo angehender Post drey rassige Pferdt sampt Sattel und Zeugk darzue gehörig halten und wochentlich die Staffetten oder eigene Posten von Bessenbach aus in fünfenhalb Stund zu Winter- und Sommerzeit bey Tagh und Nacht übern Waldt gehn Esselbach unverzugentlich fahren solle. Hingegen soll er Nicolas von oben angedeutem Postdienst und Ritten jährlich einhundert florein Frankfurther Währung zue zweyen Ziehlen für seine Bestallung haben zue Empfangen und hat ferner mit geleistetem Aydt alles so oben vermeldt würklich auch trewlich und mit eußerstem Fleiß zu vollziehen. – Geschehen zu Bessenbach zu Gegenwarth des gestrengen Herren Wilhelm Ferdinand von Effren, churfürstlicher Mayntzischer Rath und Vicedom zue Aschaffenburg und Clos Schmick, Landschöff zu Bessenbach, den 26. August 1615«.

Esselbach ist als Poststation zwischen Büttelbrunn und Bessenbach erwähnt. Dort wurde ebenfalls im Jahre 1615 eine Poststation eingerichtet. Der erste Posthalter, der in dieser wichtigen Station in thurn-und-taxisschen Diensten stand, hieß Conradt Voidt.

Im Jahre 1623 wurde sogar ein Postkursbuch herausgegeben, ein »Compendio delle poste« wie es sein Verfasser, Otavio Cotogno nannte. Es ist das erste Reisehandbuch, das vom Spessart, vom »Speserwald« berichtet. Das Buch war ein Wegweiser für Reisende zu Fuß und zu Pferd, gab Wegerichtungen und Poststationen an und nannte sogar Entfernungen. Dennoch war damals der Reiseverkehr bescheiden. Die Nachrichtenbeförderung durch reitende Boten war die wichtigste Arbeit, der sich die Herren von Thurn und Taxis annahmen. Fahrende Posten im Spessart sind erst im Jahre 1690 nachweisbar. Zugleich aber wurden um diese Zeit auch die ersten Machtkämpfe zwischen den Lehensrößlern und den Hauderern einerseits und den Postherren andererseits ausgetragen. Thurn und Taxis wollte allein alle postalischen Maßnahmen leiten und auch den Personenverkehr überwachen. Reitende Boten, Kutschen und Kaufmannszüge durchquerten den Spessart zwischen Esselbach und Bessenbach nur am Tage. Postreiter und Reisende wurden immer wieder beraubt. Im Jahre 1609 wurde ein Schweinfurter Kaufmannsgehilfe, der für seinen Herrn unterwegs war, unweit von Rohrbrunn von Räubern angehalten, totgeschlagen und ausgeraubt. Noch heute kündet das »Schweinfurter Kreuz« von dieser Freveltat.

»Anno domini 1609, den 2. April in diesem Monat, Tag und Jahr allhier jämmerlich umgebracht war Georg Backmund mit großer Reu ein frommer, fleißiger Diener treu Hieronymi Rueffers gewis, von Schweinfurt hergeritten is. Gott gebe ihm froehlich Urstaend und behuete vor Unglück behend.«

Am 18. April 1637 berichtete der Postmeister Gerhardt Vrints in Frankfurt an Taxis, daß die »Patrullien« des schwedischen Generalmajors Ramsay im Spessart bei Rohrbrunn den durchreitenden Posthalter von Esselbach überfallen und ihm vier Pferde abgenommen hätten. Und dringend wurde gebeten, zwischen Aschaffenburg und Esselbach, mitten im Spessart, eine Poststation zu errichten. Aber weder die Fürsten von Thurn und Taxis noch der Kurfürst von Mainz waren an dieser Sache interessiert. Sie fürchteten wahrscheinlich auch, daß sich niemand finden würde, der in Rohrbrunn an der einsamen Straße als Postmeister tätig sein wollte.

Die „Uzuberei"

Da trat ein Umstand ein, der so aussah, als könne er alle Schwierigkeiten mit einem Schlage aus dem Wege räumen. Der kurmainzische Oberjäger Melchior Uzuber, wohnhaft in Aschaffenburg, richtete im Jahre 1686 an die kurfürstliche Kanzlei in Mainz ein Gesuch, in dem er darum bat, auf eigene Kosten mitten im Spessart bei Rohrbrunn eine »Würtschaft« bauen zu dürfen. Dort sollten »die Reisenden zu Fuß und zu Pferd einige Bequemlichkeiten finden«. Von »Reisenden mit Wagen« war noch nicht die Rede. Wahrscheinlich gab es zu dieser Zeit auf dem schlechten Weg nur wenige Reisende, die sich einer Kutsche anvertrauten. Der Kurfürst Anselm Franz von Ingelheim war einverstanden. Dem mutigen Uzuber wurde ein Stück Land, unweit vom »Schweinfurter Kreuz«, als Bauplatz zugewiesen. Der Bau der Wirtschaft indes war so einfach nicht. Es mußte auch eine entsprechende Waldfläche abgeholzt werden, um Platz für einen kleinen landwirtschaftlichen Betrieb zu schaffen, denn Uzuber mußte sich ja mit seiner Familie in Rohrbrunn auch ernähren können. Es wurden schließlich ein Wohnhaus mit Gastraum, ein Stallgebäude, ein Kutscherhaus und etwas später sogar eine kleine Kapelle gebaut. Als alles vollendet war, wurde ein hoher starker Zaun aus Eichenbalken rings um die Gebäude gelegt, denn die Einöde und die dort lebenden Menschen mußten gegen Überfälle gesichert werden.

Nach etwa zwei Jahren war alles vollendet. Nun hatte Rohrbrunn seine »Würtschaft«. Die Uzubers mühten sich redlich, aus dem kargen Waldboden erträgliche Äcker zu machen, aber der Gewinn war bescheiden. Mit Schreiben vom 22. März 1688 machte deshalb der Kurfürst von Mainz dem Postmeister in Frankfurt den Vorschlag, die Postroute zwischen Esselbach und Bessenbach zu teilen. In Rohrbrunn sollten die Postpferde gewechselt werden. Uzuber könne man als Posthalter einsetzen und ihm »einige Nahrung« für seine Dienste zubilligen. Der Vorschlag fand die Zustimmung des Fürsten Alexander von Thurn und Taxis und wurde bald danach in die Tat umgesetzt. Uzuber war mit der Beförderung zum Posthalter mehr als einverstanden. Er durfte das Postschild mit dem kaiserlichen Doppeladler an seinem Haus anbringen, und Kaiser Leopold I. gab seine »Confirmation«.

Am 1. Juli 1688 begannen die Postdienste in Rohrbrunn. Melchior Uzuber trotzte in Rohrbrunn allen Gefahren. Er überwand alle Schwierigkeiten, wie sie in einer Einöde so üblich sind; die heißen Sommer, die es nötig machten, das Quellwasser weit herzuholen, die kalten Winter mit Schnee und Eis, die alle Wege unpassierbar machten. Stürme und Naturkatastrophen blieben nicht aus. Es kamen Krankheiten hinzu und so manches andere, aber Uzuber blieb und hielt sich an die bescheidenen Freuden und an das kleine Glück, die ebenfalls in Rohrbrunn zu Gaste waren. Als im Jahre 1690 die ersten »fahrenden Posten« durch den Spessart eingerichtet werden konnten, war dies nur möglich, weil Uzuber zwischen Esselbach und Bessenbach seine Poststation hatte, in der die Pferde gewechselt werden konnten.

Als schließlich auch Kaufmannszüge den Weg über Rohrbrunn nahmen, wünschten die Kaufleute dort die Geleitzollstation, weil sie sowieso die Pferde wechseln mußten und weil eine Rast im Spessart allerlei Kurzweil versprach. Der Kurfürst von Mainz akzeptierte den Wunsch. Melchior Uzuber übernahm auch noch die Geschäfte eines Geleit- und Landzöllners. Er stand im Thurn- und Taxisschen Reichsdienst und im kurmainzischen Landesdienst, er war dem Reich und dem Erzbistum verpflichtet, aber die Doppelfunktion brachte seiner Familie wenig Glück, nur Ärger und Sorgen, – aber das war immer so in Rohrbrunn.

Melchior Uzuber erfüllte seine Arbeit und seine Dienstobliegenheiten mit nimmermüdem Eifer. Seine Frau stand ihm zur Seite und führte den Haushalt, brachte lärmende Kutscher zur Ruhe und tröstete ängstliche Gäste, tischte den vornehmen Kaufleuten reichlich auf, so daß sie Rohrbrunn nicht vergaßen. Sie formte schließlich auch Rohrbrunn zur unvergessenen Heimat ihrer Kinder, so daß sie fast alle dort im einsamen Spessart blieben und ihr Haus zu einer Insel der Ruhe und der Geborgenheit wurde, dessen Glanz auch noch heute unvergessen ist. Das Wirtshaus in Rohrbrunn hieß nicht »Wirtshaus im Spessart«, sondern einfach »Uzuberei«, und diesen Namen behielt das Haus bis weit in das 19. Jahrhundert hinein. Und noch heute ist der Name im Spessart bekannt. 1699 starb Melchior Uzuber in seinem geliebten Rohrbrunn. Seine Söhne Jonas und Mathias traten das Erbe an. Sein Sohn Remakel ging als Gastwirt nach Aschaffenburg, sein Sohn Johann wurde kurfürstlicher »Laubmeister« in Rothenbuch.

Im Jahre 1717 wurde das bescheidene Wohnhaus in Rohrbrunn vergrößert. Wie man in einer Urkunde nachlesen kann: »Zu mehreren Bequemlichkeiten eines nun und dann auf den Rohrbrunn zur Jagd kommenden Landesregenten und höchstderoselben Cavaliers und Bedienten«. Die Zeiten waren vornehmer geworden. Kurfürst Lothar Franz von Schönborn zeigte sich dankbar, schenkte den Brüdern den Zehnt und gab einen Zuschuß, damit der Priester, der von Rothenbuch heraufkam, um an Sonntagen den Gottesdienst zu halten, verköstigt werden konnte. Beide Brüder hatten keine Erben. Die Arbeit in Rohrbrunn ging oft über ihre Kräfte. Jonas starb 1735, Mathias ein Jahr später.

Mathias hatte noch vor seinem Tode seinen Neffen Johann Wendelin, den Sohn des kurfürstlichen Laubmeisters, zu seinem Erben eingesetzt; als dieser aber nach dem Tode seines Onkels die Poststation wie bisher weiter führen wollte, kündigte ihm das Haus Thurn und Taxis mit der Begründung, daß ein kaiserlicher Posthalter nicht zugleich angestellter Beamter in mainzischen Diensten sein könne. Taxis hatte auch schon einen Nachfolger: Es war Andreas Uzuber, der Sohn des Aschaffenburger Gastwirts Remakel Uzuber, also Wendelins Vetter. Taxis wollte es so halten, wie zu den Zeiten der Brüder Jonas und Mathias. Damals teilten sich die Brüder den Dienst. Der eine war kaiserlicher Posthalter, der andere im kurmainzer Landesdienst und für den Geleitzoll zuständig.

Zum erstenmal in der Geschichte der Einöde Rohrbrunn entstand ein Streit, der sich lange hinziehen sollte und der nur mit Mühe beigelegt werden konnte. Keine fluchenden Fuhrknechte, keine räsonierenden Gäste, keine großspurigen Postreiter, die nicht schnell genug ein neues Pferd bekommen konnten, keine Räuber und keine Soldaten brachten nunmehr Unruhe, Neid und Zorn nach Rohrbrunn, sondern fein herausgeputzte thurn-und-taxissche Amtsboten, die sich mit Eilwagen nach Rohrbrunn kutschieren ließen, Anordnungen überbrachten, um eiligst wieder zu verschwinden. Oder es kamen kurfürstliche Landgrafen, von einem Schwarm Soldaten begleitet, um Maßnahmen zu treffen, die niemand verstand. Einmal brachten die Abgesandten des Hauses Thurn und Taxis sogar den Andreas Uzuber mit, um ihn in Rohrbrunn als Posthalter einzuführen. Aber Wendelin hatte sein Haus verschlossen und die ihm treu ergebenen Bauern und Waldarbeiter – vielleicht sogar ein paar Marodeure, mit denen er sich gut verstand – standen am Balkenzaun mit Prügeln und allerlei anderem Gerät, so daß die thurn-und-taxissche Abteilung mit dem neu ernannten Posthalter unverrichteter Dinge wieder abziehen mußte.

Der offene Streit zwischen den Fürsten Thurn und Taxis und den Kurfürsten von Mainz trübte das bis dahin gute Verhältnis zwischen kaiserlicher Macht und fürstbischöflicher Oberhoheit. Als keine Einigung erzielt werden konnte, erklärte sich Andreas Uzuber bereit, ein zweites Haus in Rohrbrunn zu bauen, aber der Kurfürst in Mainz fürchtete um seinen Wald und gab keine Genehmigung. Schließlich aber gelang es doch einem listigen im taxisschen Dienste stehenden Postmeister, den Kurfürsten umzustimmen. Der Postmeister hieß Geheimrat von Löhr und ihm fiel die schwierige Aufgabe zu, den Streit zu beenden. Andreas Uzuber erhielt die Erlaubnis, in Rohrbrunn ein zweites Haus zu bauen. Um aber für alle Fälle sicher zu gehen, mußte er im Jahre 1737 eine Urkunde unterschreiben, in der er, seine Frau und seine Erben zusichern, den Fürsten von Thurn und Taxis und ihren Beauftragten, in allen vorkommenden Fällen den Eintritt in das Haus zu gestatten.

So gab es also um die Mitte des 18. Jahrhunderts

zwei Häuser in Rohrbrunn. Andreas Uzuber nannte sein Haus »Zum neuen Rohrbrunn« und gab weithin kund, daß sich die Herren von Thurn und Taxis durchgesetzt hätten. Die Herren in Mainz waren über die Entwicklung nicht erfreut und den Ärger bekam Andreas Uzuber zu spüren. Seine Klagen über die schlechte Behandlung durch kurfürstliche Beamte wurden aktenkundig. Er durfte sein Land nicht vergrößern und war gezwungen, die lebensnotwendigen Güter in weit entlegenen Dörfern einzukaufen, er mußte rechnen und schuften, um sich durchsetzen zu können, aber er liebte – wie vielleicht kaum ein anderer der Familie Uzuber – die Einöde Rohrbrunn und blieb auch dann noch auf seinem Posten, als er praktisch überhaupt kein Geld mehr besaß und Schulden machen mußte.

Mit den letzten Ersparnissen – 3375 Gulden – hatte er mit Vertrag vom 26.2.1749 das Haus »Zum alten Rohrbrunn« von seinem Vetter Wendelin gekauft. Wendelin verließ Rohrbrunn und zog nach Aschaffenburg, wo er ein im Familienbesitz befindliches Gasthaus übernahm. Andreas versuchte, nach Rohrbrunn noch einmal jenen Glanz zu bringen, von dem ihm sein Vater und sein Großvater soviel erzählt hatten. Er bezog das Haus »Zum alten Rohrbrunn« und verschönte das Anwesen so gut es ging, aber er hatte zuviel Geld investiert und – verloren. Er mußte das Amt des Posthalters aufgeben und auch die Bittschriften an den kurfürstlichen Hof nach Mainz und den Fürsten von Thurn und Taxis blieben ergebnislos.

In einem Schreiben des Postkommissars Heger aus Frankfurt an den Kurfürsten von Mainz wurde um eine Unterstützung für Andreas Uzuber gebeten, für »le pauvre diable a Rohrbrunn« wie es wörtlich heißt, – für den armen Teufel von Rohrbrunn.

Postillion um 1840 (Zeichnung von Joh. Ph. Heinel)

Schließlich mußte Andreas die Einöde Rohrbrunn verlassen. Er bekam noch eine ärmliche Konduktenstelle in Frankfurt, eine Arbeit, die ihn – der die Einsamkeit, den Wald, die Gefahren der Straße und den rüden Wortschatz der Fuhrknechte und Postreiter gewohnt war – kaum befriedigen konnte. Er starb einsam und verbittert im Jahre 1785 in Frankfurt.

Und dennoch blieb der Name Uzuber weiterhin mit Rohrbrunn verbunden. Andreas Uzubers Söhne, Mathäus und Franz Georg übernahmen die Posthalterstelle, aber die hohen Herren in Mainz und in Frankfurt waren klug genug, um sich ihren Anteil zu sichern. Die Söhne mußten die Schulden ihres Vaters tilgen, bekamen ein Darlehen von 6.000 Gulden vom Oberpostamt Frankfurt, mußten dafür aber einen großen Teil ihres Eigentums verpfänden. Die Brüder waren verheiratet und hatten zahlreiche Kinder, die in Rohrbrunn ihr ungetrübtes Paradies entdeckten. Aber das Glück war dahin – so seltsam es klingen mag – es sollte sich kaum mehr mit einer so stillen Zufriedenheit einstellen wie damals, als die Uzubers begannen, ihren Namen mit dem Namen Rohrbrunn zu verschmelzen.

Die Posthalterei „Zum alten Rohrbrunn“

Im Posthalterhaus wurden immer noch die Dienste erledigt, die vorgeschrieben waren, aber die Arbeit wurde schlecht belohnt und kaum gewürdigt. Die fahrenden Posten hatten es eilig, hielten sich in Rohrbrunn nicht mehr auf, denn die Poststationen am Beginn und am Ende der Rohrbrunner Straße versprachen interessantere Bequemlichkeiten und bessere Unterhaltung. Die Straße über Rohrbrunn jedoch war eine der berühmtesten Poststraßen in Deutschland geworden, die Hauptverkehrsader zwischen Nürnberg und Frankfurt, die Straße der Fürsten, der Könige und Kaiser. Aber wenn so hohe Herrschaften kamen, stiegen sie nicht mehr am Haus »Zum alten Rohrbrunn« aus, sie blieben in ihren Kutschen verborgen und alle Formalitäten wurden rasch erledigt. Dann brausten die Kutschen mit den berittenen Garden davon, Staubwolken blieben über der Straße hängen und legten sich zögernd über die alten Mauern des Wirtshauses.

Vielleicht war Andreas Uzuber – der arme Teufel von Rohrbrunn – der Anlaß für eine Wohlfahrtseinrichtung, die sogar den Uzubers noch zugute kam. Am 27. Oktober 1769 setzte der Oberpostkassier Kammerrat Bolz in Frankfurt in seinem Testament alle bedürftigen Witwen und Waisen der zum Distrikt des Oberpostamtes Frankfurt gehörenden Postbediensteten zu seinen Erben ein. Der gütige Postmann hatte nur einen einzigen Wunsch: er wollte in der Frankfurter Liebfrauenkirche begraben werden. Der Wunsch wurde ihm erfüllt. Die Bolzsche Stiftung aber war viele Jahre lang ein Segen für Witwen und Waisen, die mitunter unverschuldet in Not geraten waren. So auch für Anna Margarete Uzuber, die nach dem Tode ihres Mannes Mathias gemeinsam mit ihrem Schwager die Posthalterei Rohrbrunn noch bis zum Jahre 1784 weiterführte. Dann ging es nicht mehr. Sie konnte ihre Zahlungen nicht mehr einhalten, ihr Eigentum mußte versteigert werden. Sie bekam später eine armselige Unterstützung von jährlich 75 Gulden. Ihr Schwager Georg Franz war der letzte, der den Namen Uzuber unter Anordnungen, Bittschriften und dienstliche Protokolle in Rohrbrunn setzte. Er versuchte das alte Erbe, so klein es auch geworden war, zu retten, aber widrige Umstände, unvorhergesehene Schicksalsschläge und schließlich auch die in Amt und Würde erstarrte Bürokratie einer auf Anerkennung bedachten Verwaltung waren daran schuld, daß auch er in Rohrbrunn nicht nur seine Stellung, sondern auch seine Heimat verlor.

Im Jahre 1790, als die Wahl und Krönung von Kaiser Leopold II. in Frankfurt bevorstand, und der Adel Europas sich anschickte, über die alte Geleitzugstraße in die Krönungsstadt zu reisen, wollte auch das Haus Thurn und Taxis nicht zurückstehen und alles tun, um seine Poststationen auf Hochglanz zu bringen. Es wurden Kommissionen gebildet, die alle Posthalter inspizieren mußten; und eine Kommission kam auch nach Rohrbrunn. Ob die feinen Herren aus Frankfurt ein Lob ihrer Vorgesetzten haben wollten, ob sie in Rohrbrunn Streit mit dem Posthalter bekamen? Darüber ist nichts überliefert. Der Bericht aber, den sie in Frankfurt vorlegten, war ein einziger Tadel. Es wurde von baufälligen Gebäuden und entkräfteten Pferden berichtet, eine »elende Calesche«, die nur drei Räder habe, wurde als einziges Fahrzeug registriert, und es wurde geschrieben, daß »keine Hand voll Heu und Hafer« vorhanden sei. Zu dieser Zeit schien tatsächlich alles in Rohrbrunn am Ende zu sein. Zu allem Unglück verlor Georg Franz Uzuber noch vierzehn Pferde, die einer Seuche zum Opfer fielen, und er war gezwungen, sich zum Pferdewechsel aus Weibersbrunn Pferde gegen teures Geld auszuleihen. Thurn und Taxis kündigte. Die kurfürstliche Kammer in Mainz unterstützte diese Maßnahmen. Aber Georg Franz Uzuber wollte seinen Besitz, der infolge der hohen Schulden längst nicht mehr ihm allein gehörte, behalten. Es mußten langwierige Verhandlungen geführt werden, um ihn zur Aufgabe seines Besitzes zu bewegen. Sein eigenes Hab und Gut verkaufte er schließlich für 10.000 Gulden an den Posthalter Valentin Schmelz aus Straßbessenbach, der sich mit dem Kauf das Recht sicherte, als Postmeister in Rohrbrunn angestellt zu werden. Georg Franz Uzuber, der zehn Kinder hatte, bekam noch vom Hause Thurn und Taxis ein »außerordentliches jährliches Gnadengehalt« von 300 Gulden zugebilligt, damit den Kindern eine »angemessene Erziehung« zuteil werden konnte.

Wo Georg Franz Uzuber, der nach seinem Ausscheiden aus dem Dienst noch eine Weile in Rohrbrunn blieb, hinkam, ist unbekannt. Seine Kinder verließen später ihre Heimat und ihre Namen tauchen in den Auswandererlisten auf, die in der zweiten Hälfte des 18. Jahrhunderts angefertigt wurden und die man noch vereinzelt in alten Archiven finden kann. Die Uzubers gehörten vielleicht zu denjenigen, die den Auswanderern folgten, die von den Werbern des Königs Friedrich von Preußen, der Zarin Katharina von Rußland und der Kaiserin Maria Theresia von Österreich mit vielen Versprechungen angelockt worden waren. Für neue Provinzen an der Oder, an der Wolga und in den Donauländern brauchte man deutsche Siedler. Man fand bereitwillige Abenteuerer im Spessart, denn damals, als der Siebenjährige Krieg zu Ende war, konnten sich viele Bauern auf ihren karg bemessenen Feldern im waldreichen Spessart nicht mehr ernähren und wanderten aus. Nahmen die Uzubers von Rohrbrunn jenes unvergleichbar schöne Bild ihrer Waldheimat mit in die Fremde? Es sind noch Urkunden vorhanden, ähnlich dem vergilbten Blatt aus dem Heimatarchiv von Frammersbach:

»Da dem Gericht gar wohl bekannt, das Fridrich in der Wiesen, in eine solch große Schuldenlast gerathen, daß er sogar sein Profesion als Schmid nicht mehr treiben kan, sich auch so weniger mit Weib und fünf Kindern dahier ernehren kan, also wird das angesuchte atestat von gerichts wegen ertheilet.«

Und später brachten Kuriere, die über Rohrbrunn nach Frankfurt ritten, die guten Botschaften. »Resolutum: im Königreich Ungarn verheyrathet mit einer hiesigen darin wohnenden Persohn Margaretha.«

Der neue Posthalter in Rohrbrunn kümmerte sich darum nicht. Er ließ das an der Straße »zum Spott und zur Schande aller Reisenden« stehende und dem Einsturz nahe Posthaus niederreißen und ein neues Gebäude errichten, das – mehrmals umgebaut und vergrößert, – erst der Autobahn zum Opfer fiel. So sehr sich Valentin Schmelz auch anstrengte, auch ihm blieb das erhoffte Glück in Rohrbrunn versagt. Im Jahre 1796 wurde ihm von plündernden französischen Truppen fast alles zerstört. 1799 übernahm sein Sohn Lorenz die Posthalterei, aber auch seine Anstrengungen waren vergeblich. Ein Fluch schien auf der Einöde zu liegen. Die Familie Schmelz mußte im Jahre 1820 Konkurs anmelden. Kurz darauf wurde die Posthalterei Rohrbrunn aufgehoben. Die im Jahre 1812 errichtete Posthalterei Hessenthal übernahm die Arbeit, die bisher in Rohrbrunn getätigt wurde. Eine neue Zeit war angebrochen. Napoleon hatte die Welt verändert, neue Reiche geschaffen, neue Grenzen gesetzt. Sogar bis Rohrbrunn drang sein Wille, der Welt ein neues Gesicht zu geben. Die alte Rohrbrunner Straße wurde ausgebaut und bekam den aus Frankreich importierten Namen »Chaussee«.

Die Tradition des altehrwürdigen Mainzer Kurstaates war zu Ende. Der Nachfolger des im Jahre 1802 in Aschaffenburg gestorbenen Kurfürsten Friedrich Karl von Erthal, Karl Theodor von Dalberg, unterwarf sich der neuen von Napoleon diktierten Herrschaft. Dalberg war dabei, als am 12. Juli 1806 in Paris die Rheinbundakte unterzeichnet wurde. Der letzte Fürst, der das geschmälerte Erbe des Mainzer Kurstaates noch verwalten durfte, bekam den Titel »Fürstprimas« und sein Staat wurde »Primatialstaat« genannt.

Hauptstadt des von Dalberg verwalteten Großherzogtums wurde Frankfurt, und der Kern des alten Mainzer Oberstifts nannte sich »Fürstentum Aschaffenburg«, dem alle reichsständischen und reichsritterschaftlichen Gebiete im Spessart zugeteilt wurden.

Als Napoleons Siegesglück zerbrach, endete auch die Ära Dalbergs und damit die Geschichte des Fürstentums. Am 20. Juni 1814 wurde in Wien der Vertrag geschlossen, der die Übergabe des Fürstentums an die Krone Bayerns regelte, und im August des gleichen Jahres reiste König Max Josef von München aus in den Spessart nach Rohrbrunn und von da aus nach

Ankunft von Reisenden vor einer Herberge um 1760.
Der Zeichnung, betitelt
»Die Einkehr der Reisenden« wurde ein Vers zugeordnet,
der damals allgemein bekannt war:

»Wann von der Plackerey der Reise Pferd und Mann
Sich bey dem schlimmen Weg zuletzt erholen kan,
Wann man beim Wirth einkehrt, so wird ihm da gerathe,
Wo kein Erquickung ist, da zeigt sich Hast und Schade«

Aschaffenburg, um die Huldigung seiner Untertanen entgegenzunehmen.

Rohrbrunn und das Waldgebirge mit den wertvollen Furniereichenbeständen wurden vom Königreich Bayern in Besitz genommen. Gleichsam als äußeres Zeichen dieser Wandlung wurde im Jahre 1832 an der Stelle des von Andreas Uzuber erbauten Hauses »Zum neuen Rohrbrunn« das Forsthaus »Diana« gebaut das ebenfalls beim Autobahnbau verschwinden mußte. Das von Posthalter Valentin Schmelz an Stelle des Hauses »Zum alten Rohrbrunn« erbaute Post-, Gast- und Wohnhaus kaufte im Jahre 1891 der bayerische Staat. Im Haus wurde eine Postagentur, später auch eine Gastwirtschaft eingerichtet. Als »Gasthaus zum Hochspessart« wurde das Wirtshaus in Rohrbrunn bekannt.

Die Kapelle

Die Kapelle in Rohrbrunn, die Melchior Uzuber um das Jahr 1690 erbauen ließ, bekam den Namen »Maria-Hilf«. Es ist nicht genau bekannt, warum sich der kurfürstliche Oberjäger Uzuber auch mit dem Bau einer Kapelle befaßte, obwohl er doch sowieso schon Arbeit genug hatte. Er war ein frommer Mann, und versprach sich den Segen Gottes für sein Werk, dem er eine augenscheinliche Weihe mit der Kapelle geben wollte. Die Kapelle »Maria-Hilf« war jedoch in der Folgezeit mehrfach Anlaß zu Streit und Fehden vieler Familienmitglieder untereinander, denn sie war aus reiner Privatinitiative entstanden und selbst die Kurfürsten von Mainz, obwohl sie ihr Jagdgebiet Rohrbrunn oft besuchten, waren an der Kapelle nicht interessiert. Für die heiligen Messen, die sonn- und feiertags gehalten werden sollten, waren Priester zuständig, die der Zufall nach Rohrbrunn verschlagen hatte. Sie mußten vom Posthalter aufgenommen und verpflegt werden, was zusätzliche Kosten verursachte.

Die nächsten Pfarreien Esselbach, Heimbuchenthal, Oberbessenbach und Rothenbuch lagen alle von Rohrbrunn zu weit entfernt. Von dorther konnte nur selten ein Geistlicher in die Einöde an der Poststraße kommen. Nur noch wenige Namen derjenigen, die einst in der einsamen Kapelle »auf dem Rohrbrunn« Gottesdienste abhielten und in dem Wohnhaus des Posthalters die Kinder unterrichteten, sind bekannt. Niemand weiß, wer die ersten waren und woher sie kamen, als die Kapelle am Waldrand auf der Höhe vollendet war. Urkundlich bekannt ist Johann Baptist Gößmann, »Licentiat der Theologie«, des päpstlichen Missionsseminars in Fulda. Gößmann wurde im Jahre 1731 als Hausgeistlicher in Rohrbrunn angestellt. Er legte eine Chronik an, die noch heute – wenn auch nur in Bruchstücken – Auskunft über die damaligen Verhältnisse gibt. Sie beginnt mit den Worten:

»Fundator dießer Capelle ist gewesen der weiland wohledle Herr Melchior Uzuber, vormahliger kayserlicher Posthalter. Zum besseren und reichlicheren Unterhalt eines zeitlichen Pfarrers im Rohrbron haben Ihro kurfürstlichen Gnaden zu Majntz, Franz Lotharius, die zu dem Rohrbron gehörige Felder und Gemarkung von allem, was darauf gebauet und gepflanzet wird, samt denen Wiesen, zehntfrey declariret, anno 1709.«

Nach dem Tode des Posthalters Melchior Uzuber im Jahre 1736 verließ auch der Geistliche Rohrbrunn. Obwohl Erzbischof Lothar Franz von Schönborn für den in Rohrbrunn tätigen Priester einen bescheidenen Zuschuß bewilligt hatte, so daß wenigstens die Verköstigung gesichert schien, fand sich niemand, der als Priester und Hauslehrer in Rohrbrunn tätig sein wollte.

Um die Mitte des 18. Jahrhunderts sollte der Theologiestudent Johann Adam Hettinger aus Aschaffenburg auf Anordnung des Mainzer Vikariats nach Rohrbrunn kommen, aber Hettinger scheute die Reise in die Einsamkeit und blieb als Privatlehrer in Mainz. Der Posthalter Andreas Uzuber richtete sogar eine Beschwerde an das Kommissariat Aschaffenburg, weil Hettinger nicht erschienen war; Hettinger indes konnte nachweisen, daß ein Aufenthalt in Rohrbrunn gefährlich war, und daß dort für den nötigen Lebensunterhalt nicht gesorgt werden konnte. Dennoch entschloß sich ein anderer Geistlicher, Johann Ofenstein, etwa um 1760 nach Rohrbrunn zu ziehen. Er blieb dort vier Jahre, aber diese Jahre waren geprägt von dauernden Streitigkeiten mit der Familie Uzuber. Erst Mathäus und Franz Georg Uzuber versuchten, ein besseres Verhältnis mit ihrem Geistlichen herbeizuführen und baten, gemeinsam mit ihrem Vater, in einem Brief an das Mainzer Vikariat um die Abstellung eines geeigneten Priesters. Der Glaube, ein Priester könne immer helfend eingreifen und alle Gefahren bannen, mag für das Gesuch bestimmend gewesen sein. Die Familie hatte sich sogar selbst nach einem Geistlichen umgesehen, und der »hochedle Hugo Franz Karl Frank« aus Großostheim hatte sich unter bestimmten Voraussetzungen bereiterklärt, die Stelle in Rohrbrunn zu übernehmen. Der Brief nach Mainz trägt die Unterschrift aller in Rohrbrunn tätigen Personen und beginnt mit den Worten:

»Zu wissen seye hiermit Jedermänniglich, daß heut zu Endtgesetzten dato wir unterschriebene Verwandte, befreundete und benachbarte nach einhelliger Übereinstimmung... die von unseren Voreltern heilsamb praktierte heilige Stiftung wiederumb erneuert...«

Dem Prieser wird gute Unterkunft und Verpflegung zugesichert und der Brief endet mit den Worten:

»Hochwürdiger Erhöhung also wir uns getrösten und in tiefstem Respekt wir verharren, Rohrbrunn, 1. May 1765.«

Der für die »Caplanei« – wie man nunmehr sagte – vorgesehene Priester kam nicht. Es dauerte fast ein ganzes Jahr bis Hugo Franz Karl Frank, der auf der Universität in Freiburg im Breisgau das kanonische

Recht und die Moraltheorie für die praktische Seelsorge studiert hatte, für Rohrbrunn gewonnen werden konnte. Andreas Uzuber und seine beiden Söhne Mathäus und Franz hatten in einem Brief, datiert vom 1. Mai 1765, darauf hingewiesen, daß auf einen Priester in Rohrbrunn nicht verzichtet werden könne, und sie bauten klug ein paar Sätze ein, um dem künftigen Seelsorger die Reise nach Rohrbrunn etwas schmackhaft zu machen. So wollten die Uzubers ihrem Geistlichen eine »honette Hausmannskost« geben, einen Tischtrunk von »Einer halb Maas Wein täglich« und zusätzlich noch »Vierzig Gulden geld«.

Diese gute Aussicht bewog schließlich auch den jungen Priester zusätzlich noch ein Gesuch an das Mainzer Vikariat zu richten. Frank versprach sich von der Seelsorge im einsamen Wald in der Einöde an der Straße zwar keine Lorbeeren, aber er wollte vor allem »bey haltenden Jagden Ihro Churfürstlichen Gnaden, sowohl als auch auff der Post ankommenden Passagiers« dafür sorgen, daß in der abgelegenen Kapelle das Meßopfer gefeiert werden konnte. Vor allem die Reisenden, die in Rohrbrunn ankamen und dort eine Rast einlegen mußten, fanden den Aufenthalt in Rohrbrunn – damals immer noch gefürchtet – weniger gefährlich, weil ein Priester in der Kapelle tätig war. Auch die Kurfürsten von Mainz nahmen den Priester hin und wieder in Anspruch, und schließlich hatten die Kinder der Familie Uzuber einen Lehrer im Haus, so daß man sich um die Ausbildung der Söhne und Töchter keine Gedanken zu machen brauchte.

Das kurfürstliche Amt in Mainz gab im Frühjahr 1766 seine Einwilligung. Die Wünsche der Posthalter wurden erfüllt, dem Gesuch des jungen Franz Karl Frank wurde stattgegeben. Frank, der am 12. Februar 1766 in Mainz zum Priester geweiht worden war, und der bei seinem Schwager von Stockhausen auf dem Schloß Breuberg seine Primiz gefeiert hatte, traf im März 1766 »auf dem Rohrbrunn« ein. Die Vermögensverhältnisse der Posthalterfamilie aber waren zu dieser Zeit mehr als schlecht, so daß es abermals zu Streitigkeiten kam. Die Arbeit des Priesters und Hauslehrers wurde erschwert. Frank blieb nur eine kurze Zeit in Rohrbrunn und erhielt später eine löwensteinsche Pfarrei bei Landau in der Pfalz.

Nachdem Frank Rohrbrunn verlassen hatte, erklärte sich kein Geistlicher mehr bereit, die vakante Stelle zu übernehmen. Inzwischen war aber auch in dem Glasmacherdorf Weibersbrunn eine Pfarrei errichtet worden. Rohrbrunn wurde dieser Pfarrei zugeordnet, und so blieb es in den folgenden Jahren. Zwar gab es immer noch Persönlichkeiten, die sich um die Kapelle in Rohrbrunn und um die Menschen in der Einöde kümmern wollten, im Jahre 1790 sogar ein Eremit, der sich dort anzusiedeln versuchte. Ihm aber wurde, nachdem sich der Pfarrer von Weibersbrunn beschwert hatte, am 3. Juli 1790 der kategorische Befehl erteilt, Rohrbrunn innerhalb von drei Tagen zu verlassen.

Mit der Übernahme der Kaplanei Rohrbrunn in den Pfarrbezirk Weibersbrunn hörten die Beschwerden nicht auf. Zwar verpflichtete sich der Pfarrer von Weibersbrunn, in Rohrbrunn die Seelsorge zu übernehmen, aber in der Kapelle konnte er keine Messen mehr lesen, denn niemand kam für seine Unkosten auf. Posthalter Schmelz ließ im Jahre 1820 die Kapelle renovieren, aber bereits ein Jahr später war Schmelz so verschuldet, daß sein Besitz versteigert werden mußte. Die Kapelle, um die sich niemand mehr kümmerte, verfiel; die Postdirektion Frankfurt, die einen Zuschuß für den Bau und die Kaplanei geben sollte, lehnte jede Unterstützung ab, weil die Betreuung einer Kapelle nicht zu ihrem Aufgabengebiet gehöre, – wie es in einem Schreiben hieß.

Als schließlich auch noch der Pfarrer von Weibersbrunn eine eigene Kaplanei für Rohrbrunn – aus begreiflichen Gründen – ablehnte, fand sich niemand mehr, der sich um die gutgemeinte Stiftung der Familie Uzuber kümmerte. Die Kapelle Maria-Hilf blieb geschlossen, es wurden keine Gottesdienste mehr abgehalten, und weil sich niemand verantwortlich einsetzte, verfiel die Kapelle mehr und mehr. Als unschöne Ruine soll sie später – wie königliche Beamte vermerkten – das Landschaftsbild beeinträchtigt haben. Sie wurde schließlich abgetragen und ihre Steine für andere Bauwerke verwendet.

Wilhelm Hauff

Wilhelm Hauff, der das »Wirtshaus im Spessart« so berühmt machen sollte, wurde am 29.11.1802 in Stuttgart geboren. Seine Kindheit fiel in die Zeiten, denen Napoleon sein Gepräge gab. Hauffs Vater war Sekretär im württembergischen Ministerium, gehörte aber zu der Gruppe, denen napoleonische Willkür nicht behagte und die mutig das gute alte Recht verteidigte. Diese Tatsache kostete ihm nicht nur seine Stellung, sondern er handelte sich auch eine achtmonatige Haft ein, die er auf dem Hohenasperg verbüßte. Trotz einer späteren Rehabilitierung blieb der Makel der Verurteilung. Er starb im Jahre 1809, so daß er keinen Einfluß auf die Erziehung seines Sohnes haben konnte. Mit seiner Mutter zog Wilhelm Hauff nach Tübingen zu Verwandten. Hier besuchte er die Schola Anatolica und bereitete sich auf den Beruf eines Theologen vor. Im Jahre 1817 wurde er in die Klosterschule nach Blaubeuren geschickt, in jene Schule im prächtigen Albtal, die als Bildungsstätte evangelischer Theologen weit über die Grenzen des Landes hinaus einen guten Ruf besaß.

Im Jahre 1820 begann er das Studium an der Tübinger Universität, vollendete in vier Jahren seine theologisch-philosophischen Studien und promovierte im Oktober 1825 zum Doktor der Philosophie.

Von Rohrbrunn wußte er damals sicher noch nichts. Vielleicht las er irgendwo die nüchternen Zeilen, daß die Poststation Rohrbrunn aufgehoben worden war. Gustav Schwab schrieb damals über ihn:

»Den engeren Kreis seiner Freunde ergötzte er durch seine glücklichen Einfälle, seine Gesprächigkeit, seine Munterkeit, seine Extravaganz und dabei seine Besinnlichkeit im Stande burschikoser und geselliger Exaltation. Obgleich jugendlich eitel, reizbar und empfindlich, hörte er jedoch mit seinem Humor nicht wie so viele Humoristen an sich selbst auf, sondern er war der erste der seine eigenen kleinen Schwachheiten zu bespötteln und mit ihrer Beharrlichkeit als Karikatur an sich selbst darzustellen, kein Bedenken trug.«

Im Jahre 1824 konnte Hauff seine Tübinger Studien abschließen. Er nahm eine Hauslehrerstelle bei der Familie des württembergischen Generals Freiherr von Hügel in Stuttgart an, denn eine gewisse berufliche Freiheit wollte er behalten. Zwischen 1824 und 1827 schrieb er alles, was ihn zu Lebzeiten manche Anerkennung eintrug, und was später seinen literarischen Ruhm begründen sollte. Gustav Schwab und Ludwig Uhland gehörten zu den ersten, die seine Werke bekannt machten.

Es ist nicht mehr genau zu ergründen, wann Wilhelm Hauff im Spessart weilte und das einsame Wirtshaus an der Straße besucht hat. Es muß im Herbst 1826 gewesen sein. Während einer Jahreszeit also, in der im Spessart die Buchen und Eichen goldüberstrahlt und mit prächtigen Farben geschmückt über dunkelgrünen Fichtenschonungen emporragen, und in der das schwarze Tupfenfiligran der Heidelbeere die Wanderwege ziert. Ein paar Monate zuvor hatte der 24jährige seine Hauslehrerstelle bei der Familie des Freiherrn von Hügel in Stuttgart aufgegeben, um sich aus-

Wilhelm Hauff, nach einem Gemälde von J.M. Molder

schließlich literarischen Arbeiten zu widmen. Er, der seine Studien in Tübingen mit der philosophischen Doktorwürde abgeschlossen hatte, wollte frei und ungebunden sein. Seine ersten Märchen waren erschienen, und die ersten Erfolge berechtigten zu kühnen Hoffnungen. Der damals einflußreichste deutsche Buchhändler, Freiherr von Cotta, setzte sich für ihn ein und knüpfte die Verlagsverbindungen.

So sehen wir einen glücklichen jungen Dichter, der in Paris fleißig arbeitet, der die weiten Ebenen der Niederlande durchwandert, mit vielen Eindrücken nach Deutschland zurückkehrt, im Bremer Ratskeller seine Phantasien ersinnt, in Hamburg und Berlin neue Märchen schreibt und endlich in Dresden, als Gast von Ludwig Tieck, Geschichten aus dem Spessart erzählt bekommt.

»Freunde nahmen mich von Würzburg aus in den Spessart mit. Wir erfreuten uns des Waldgebirges, der herrlichen Aussichten, die sich links und rechts in die Unermeßlichkeit der Wälder boten. Und wir fanden eine Schenke, baumbeschattet und einsam wie ein verwunschenes Haus in einem Märchen.«

So hat Ludwig Tieck seine Spessarteindrücke in seiner Novelle «Sommerreise« festgehalten. Hauff las diese Geschichte mit Begeisterung. Gleich Tieck pries auch Friedrich Schlegel den Spessart.

»Im Spessart, zwischen Frankfurt und Würzburg, hörte ich das Alphorn blasen von einem Knaben, eigentlich müssen es zwei sein, die sich antworten. Dieses aber läßt sich nicht beschreiben, man muß es selbst hören. Der Spessart ist der dichteste und größte Wald, den ich gesehen, dagegen sind die Wälder zwischen Mainz und Metz ganz klein und durchsichtig.«

Ein so feinfühlender Mensch wie Wilhelm Hauff konnte beim Studium dieser Reisebeschreibungen der

Versuchung nicht widerstehen, selbst in den Spessart zu reisen. Er wollte kennenlernen, was die Romantiker mit viel Liebe besungen. Wir wissen nicht, welcher Wirt ihn im Wirtshaus bedient, welcher Bauer ihm die Räubergeschichten von Rohrbrunn erzählt hat. Aber daß er sich mit Kutschern, Wirten und Bauern gerne unterhalten, geht aus seinen Briefen hervor, die er an seinen Freund Tieck, an Cotta und an seine Braut nach Nördlingen schickte.

»Ich fand einen gar wundersamen Wald, eine Schenke so recht zum Verweilen und Träumen, und in den Erzählungen der Reisegefährten geisterten wilde verwegene Gesellen, die mich neugierig machten und schreckten ...«.

Und all das Geschaute, Gehörte und Erlebte fand seinen Niederschlag in der Geschichte »Das Wirtshaus im Spessart«.

»Vor vielen Jahren, als im Spessart die Wege noch schlecht und nicht so häufig als jetzt befahren waren, zogen zwei junge Burschen durch diesen Wald. Der eine mochte achtzehn Jahre alt sein und war ein Zirkelschmied, der andere ein Goldarbeiter, konnte nach seinem Aussehen kaum sechzehn Jahre haben und machte wohl jetzt eben seine erste Reise in die Welt«.

So beginnt diese Geschichte der beiden Handwerksburschen. Sie hatten sich im Wald verirrt und konnten »kaum auf fünf Schritte vor sich sehen«. Und sie waren glücklich, als sie in der Ferne ein Licht sahen und das Wirtshaus fanden.

»Es war ein langes, aber niedriges Haus, ein Karren stand davor, und nebenan im Stalle hörte man Pferde wiehern. Der Zirkelschmied winkte seinen Gesellen an ein Fenster, dessen Läden geöffnet waren. Sie konnten, wenn sie sich auf die Zehen stellten, die Stube übersehen. Am Ofen in einem Armstuhl schlief ein Mann, der seiner

Kleidung nach ein Fuhrmann und wohl auch der Herr des Karrens vor der Türe sein konnte. Auf der anderen Seite des Ofens saßen ein Weib und Mädchen und spannen. Hinter dem Tisch an der Wand saß ein Mensch, der, sein Glas Wein vor sich, den Kopf in die Hände gestützt hatte, so daß sie sein Gesicht nicht sehen konnten.«

Die beiden Handwerksburschen, über das Wirtshaus erfreut, doch immer noch zaudernd, weil ihnen zuviel von Räubern und Gesindel erzählt worden war, werden im Gasthaus von dem erwachten Fuhrmann begrüßt: »Ihr seid spät auf der Bahn«, sagt der. »Habt ihr euch nicht gefürchtet in so dunkler Nacht durch den Spessart zu reisen?« Nun, die beiden gaben ihre Furcht etwas verschämt zu. »Wer steht uns dafür, daß die Wirtsleute ehrlich sind?« fragt der eine, und der andere pflichtet ihm bei. Der Fuhrmann aber lacht: »Ich kenne diese Wirtschaft seit mehr als zehn Jahren und habe nie etwas Unrechtes verspürt«, sagt er, fügt aber noch hinzu, daß Reisende im Wald spurlos verschwunden wären und daß Räuber draußen ihr Unwesen trieben.

Und so formt sich die Geschichte. Wahrheit, Traum, Phantasie und Romantik diktieren das Geschehen. Das Wirtshaus wird zur Insel in einem Wald voller Gefahren, zu einem funkelnden Gehäuse für Märchen und Sagen, die sich die einzelnen Mitglieder der im Gasthaus anwesenden Reisegesellschaft erzählen, um die Zeit zu kürzen und um der Nacht die Gefahr zu nehmen. Und das Wirtshaus wird tatsächlich eine Räuberschenke, denn wilde Gesellen wagen einen Überfall, und nur Klugheit und Mut retten die Handwerksburschen und die anderen Gäste vor Gefangenschaft und Beraubung.

Die Geschichte, die Wilhelm Hauff schrieb, hat mit

der Chronik des Wirtshauses an der alten Geleitstraße nichts zu tun. Die Tatsache, daß es schon lange mitten im Spessart an der Straße eine Schenke gab, ist vielleicht die einzig urkundlich belegte Wahrheit, die dem Märchen zugrunde liegt. Räuber und Wegelagerer gab es freilich genug, aber das Posthaus im Spessart war zu keiner Zeit eine Räuberherberge, sondern immer ein Rastplatz für Kaufleute, Fuhrmannsknechte, Geleitzugbegleiter und Postreiter. Es war eine trutzige Burg in Zeiten kriegerischer Auseinandersetzungen, wenn Marodeure und Soldaten die Straße zum Schauplatz ihrer Händel machten.

Im Herbst 1826 kehrte Hauff nach Stuttgart zurück, aber nun, da er die Welt gesehen hatte, wollte er sich in keine enggezogenen Grenzen mehr begeben. Er hatte bereits ein großes Werk vollbracht; allerdings war manches nur verstreut in Zeitschriften zu finden, oder sogar in Zeitungen, so wie in der »Dresdener Abendzeitung« bei der sich Ludwig Tieck für ihn eingesetzt hatte. Das Buch »Märchenalmanach auf das Jahr 1826 für Söhne und Töchter gebildeter Stände«, das in der Metzler'schen Verlagsbuchhandlung in Stuttgart erschien, fand jedoch ein ausgezeichnetes Echo und veranlaßte die Frankh'sche Verlagshandlung in Stuttgart noch im gleichen Jahr den ersten Teil der »Mitteilungen aus den Memoiren des Satans« folgen zu lassen.

Als Hauff nach Stuttgart zurückgekehrt war, wurde ihm wieder die Enge der Heimat bewußt. Er sehnte sich nach der Freiheit ohne Grenzen, nach den endlosen Wegen ohne Ziel und mit immer neuen Ausblikken, wie er gerne zu sagen pflegte. Er hatte auch das Gefühl, daß die Arbeit nur schlecht voranginge; oder ahnte er bereits, daß seine Zeit nur kurz bemessen und fast schon abgelaufen war? In jener Zeit der Unruhe und des Planens schrieb Hauff an seinen Freund Tieck:

»Sie haben mich beim Abschied wohlwollend aufgefordert fleißig zu sein; ich habe es versucht und wieder versucht, aber ich fand, es fehlt mir der Mut. Als ich unbekannt mit der Welt in Schwaben lebte, war ich mutig, unverdrossen; als ich Länder und treffliche Männer gesehen hatte und an Erfahrung reicher heimkehrte, begann der Mut, das Selbstvertrauen mir zu mangeln.«

Aber dennoch entstanden neue Arbeiten, neue Novellen, darunter »Jud Süß«, »Das Bild des Kaisers«, das »Steinerne Herz« und die »Phantasien im Bremer Ratskeller«. Trotz aller Sehnsucht nach der ungebundenen Freiheit mußte sich Hauff nach einer Arbeit umsehen, die ihm wenigstens einigermaßen einen dauernden Unterhalt sicherte. Er trug sich mit Heiratsplänen. Seine Base Luise sollte gemeinsam mit ihm den weiteren Lebensweg gehen. Am 1. Januar 1827 übernahm Wilhelm Hauff die Redaktion des Morgenblattes für gebildete Stände, das vom Cotta-Verlag Stuttgart herausgegeben wurde. Im Februar 1827 heiratete Hauff, gründete einen Hausstand, aber bereits nach wenigen Wochen sehnte er wieder die Straßen herbei, auf denen er einst gewandert. Er plante einen Roman über Tirol und dieses Vorhaben dünkte ihm Anlaß genug, um eine Reise nach Tirol zu motivieren. Er wollte den Spuren Hofers, Speckbachers und Haspingers nachgehen.

Hauff begann die Reise nach Tirol mit vielen Hoffnungen. Auf der Rückreise machte er in München Station, und noch einmal feierte er dort mit geliebten alten Freunden ausgelassene Feste, schmiedete Pläne für die Zukunft. Während des heißen Sommers in München vertiefte sich Hauffs Freundschaft zu Gustav Schwab, so daß neue Ideen reiften, die gemeinsam

Nro. 287.

Morgenblatt
für
gebildete Stände.

Freytag, 30. November 1827.

— Was ein guter Mensch erreichen kann,
Ist nicht im engen Raum des Lebens zu erreichen.
Drum lebt er auch nach seinem Tode fort,
Und ist so wirksam als er lebte;
Die gute That, das schöne Wort,
Es strebt unsterblich, wie er sterblich strebte.

Goethe.

Ein Paar Reisestunden.

Von W. Hauff *).

An Madame J. Floret,
Eigenthümerin des Hôtel de Flandre, rue Notre Dame des Victoires à Paris.

Sehr verehrte Frau!

Sie gehören unter die wenigen Menschen, die mir auf mein ehrliches Gesicht hin und ohne andern Schein als etwas Scheinheiligkeit getraut haben, und ich würde Ihre trefflichen Eigenschaften, ein gutes Herz, nachsichtige Augen, ein offenes Ohr und einen für rue Notre Dame des Victoires hinlänglichen Verstand öffentlich gemacht haben, auch wenn ich es Ihnen nicht versprochen hätte. Als ich, versehen mit Allem, was ein muthiges junges Herz unterstüzt, in Ihr Haus trat, da dachte ich freylich nicht, es einst so plötzlich verlassen zu müssen; doch wäre auch jene Begebenheit schon damals vor meiner ahnungslosen Seele gestanden, an eine so romantische, samaritanische, beynahe unglaubliche Zuversicht einer Eigenthümerin eines hôtel garni hätte ich nie geglaubt.

Ich vergesse jenen Abend nie, als ich, vor Schrecken, Unwillen und Angst beynahe leblos bey Ihnen eintrat, nach meiner Rechnung fragte und Ihnen gestand, daß ich abreisen müßte. Ich hatte von allem gemünzten Gold, das auf der Erde umherrollt, noch zwey Zwanzigfrankenstücke, von dem ungemünzten in Barren, Gefäßen und Geschmeiden, einen Ring, und alles übrige Schätzbare bestand in einigen Kleidern, welche rechtlicher Weise noch nicht mein gehörten.

Ihr Scharfblick, verehrte Frau, oder nenne ich es lieber barmherzigen Instinkt? kurz jene unbegreifliche Ahnung sagte Ihnen in einem Augenblick Alles; Sie schlugen das wohlbekannte Buch von grünem Saffian auf, Sie lispelten freundlich — 450 Franks, und ich wiederholte mit bebender Zunge — 450! Und als ich Ihnen dann meinen Kummer auseinander zu setzen wagte, wie gütig waren Sie da, wie mütterlich besorgt fragten Sie nach den kleinsten Umständen!

Genug! Sie haben mir aus einer Verlegenheit geholfen, die, so klein sie dem Namen nach seyn mochte, für mich in jenem Drang der Umstände niederdrückend, schmerzlich war. Es war in meinen Augen, obgleich ich gewiß war, schon im folgenden Monat meine Schuld tilgen zu können, nichts anderes als ein Geschenk; denn konnten Sie wissen, daß ich ehrlich genug seyn werde, die Summe heimzuzahlen? Und mit welcher Urbanität wußten Sie es zu bieten! wie fein wußten Sie der peinlichen Nothwendigkeit, eine Wohlthat annehmen zu müssen, alles Drükkende zu benehmen! Es ist heute ein Jahr seit jenem Abend verflossen, aber noch heute steht jedes Ihrer Worte deutlich und wie gedruckt vor meiner Seele. „Es haben schon viele deutsche Doktoren bey mir gewohnt," sprachen Sie, bald auf Ihr Buch, bald auf mich blickend, „mei-

*) Bruchstücke eines größern Werks des verewigten Verfassers.

Die Zeitschrift »Morgenblatt (Titelseite vom 30. 11. 1827) in die Tat umgesetzt werden sollten. Aber die Vorzeichen eines unheilvollen Schicksals zeichneten sich ab, noch ehe dieser Sommer zu Ende war. Der liebenswürdige Lyriker Wilhelm Müller, der ebenfalls zum Freundeskreis gehörte, starb kurz nach der Rückkehr plötzlich und unerwartet in Dessau. Und in Stuttgart selbst verlor Hauff zwei Jugendfreunde. Als der November anbrach, begann die Krankheit Hauffs mit einer Erkältung. Aber die Harmlosigkeit der Beschwerden täuschte. Es kam ein Nervenfieber hinzu. Am 18. November starb Hauff, zehn Tage nach der Geburt seiner Tochter. Gustav Schwab hielt am Grabe die Gedenkrede, und Ludwig Uhland schrieb im »Morgenblatt« das Gedicht »Auf Hauffs frühes Hinscheiden« und sicherte seinem Freund die Unsterblichkeit zu.

Als Wilhelm Hauff durch den Spessart reiste, lag an der Straße bei Hessenthal ein Gasthaus mit Posthalterstelle und Pferdewechselstation. Das Gasthaus lag breit an der Straße, es war ein »langes, aber niedriges Haus«, und es besaß Ställe, die angebaut waren. Es hieß »Gasthaus zur Post« und gehörte dem »Ökonom« Franz Scherf.

Als sich gegen 1812 Franz Scherf aus Straßbessenbach entschloß, an der neuen »Chaussee« ein Rast- und Posthaus zu errichten, war es der Kurmainzer Regierung nur recht. Jedes Haus an der Straße minderte die Einsamkeit und die Gefahr. Der Bauer Scherf hatte seine guten Gründe, ausgerechnet bei Hessenthal zu bauen. Er wußte, daß sich der Großherzog schon mehr als einmal über die Errichtung einer neuen Poststelle zwischen Aschaffenburg und Rohrbrunn Gedanken gemacht hatte und er nützte die Gelegenheit. Als sich dann auch das Haus Thurn und Taxis über das Vorhaben des mutigen Bauern erfreut zeigte, handelte der kluge Bauer Scherf abermals zu seinem Nutzen. Er baute sein Posthaus nur unter der Bedingung, daß seine männlichen Nachkommen »bei vorhandener Befähigung« zu allen Zeiten im Postdienst Verwendung finden müssen! Taxis willigte ein, Scherf baute sein Haus, und die Poststelle begann ihre Arbeit. Im Jahre 1814 kam Hessenthal und das gesamte ehemalige Kurmainzer Land an Bayern und die Postexpedition wurde dem Oberpostamt Würzburg unterstellt. Sechs Jahre später wurde die Poststation Rohrbrunn aufgehoben und Hessenthal allein übernahm die postalischen Aufgaben an der alten Geleitzugstraße.

Franz Scherf starb 1827. Sein Sohn Heinrich übernahm die Posthalterei. Dieser erlebte den Niedergang der Poststation, als im Jahre 1854 die Eisenbahn vollendet war und ihren Dienst begann. Von den 44 Postpferden, die damals im Poststall standen, mußten die meisten verkauft werden; wo früher drei Eilwagen fuhren, war nicht einmal einer ausgelastet. Die Einsamkeit und Stille legte sich wieder über die alte Straße des Spessarts, das Posthorn verstummte. 1856 verkaufte Scherf sein Anwesen an Johann Adam Ruhland, 1910 übernahm die Gemeinde Hessenthal das gesamte Anwesen, das heute noch genauso aussieht wie damals. Aber die Zeiten hatten sich geändert. Vor der alten Post werden keine Pferde mehr abgeschirrt und keine Kurier-Post mehr verladen, die Rufe der Fuhrknechte und der Kutscher sind verhallt, das Signal des Postillions ist verklungen. Selbst der kuriose Vertrag, daß nur ein Scherf in Hessenthal Posthalter sein darf, ist längst gebrochen. Die Nachkommen des ersten Posthalters wanderten, wie viele, die sich auf eigener Scholle nicht mehr ernähren konnten, nach Amerika aus.

Die Räuber

Es ist anzunehmen, daß Wilhelm Hauff im »Gasthaus zur Post« bei Hessenthal eine Rast einlegte, als er den Spessart durchquerte und daß ihm dort die Räubergeschichte erzählt wurde, die damals noch in aller Munde war, die Geschichte von den »Stradekehrer« die der Fürstprimas Dalberg im Jahre 1810 steckbrieflich im Spessart suchen ließ und die im Jahre 1812 hingerichtet wurden. In Mespelbrunn wird immer noch ein Räubersteckbrief aufbewahrt, den Fürstprimas Dalberg unterschrieben und herausgegeben hat, ein »Signalements«, das ein Schlaglicht auf die damaligen Verhältnisse wirft.

Signalements:

»Geliebte des Zunder-Alberts (Albert Krämer), dieselbe heißt Elisabetha, geborene Albertin, war ehedem an einen umherziehenden Krämer Namens Selser verheuratet, solche wird die Fulder oder Metzgers Liese genennt, ist 40 Jahre alt, 5 Schuh 4 Zoll groß, von rundem, glatten Gesicht, schwarzen Haaren, hoher Stirne, grauen Augen, schmaler Nase und großen platten Munde. Dieselbe trägt einen blautuchenen Rock, ein solches Mützchen, ein Halstuch von weißen Leinwand, Stöckleins Schuhe, und eine Haube von hellblauen Kattun, hat 2 Knaben von 9 und 10 Jahren und ein Mädchen von 5 Jahren bei sich.

Veit Krämer (Sohn des Zunder-Alberts), dieser ist von Romstell gebürtig, 20–21 Jahre alt, 5 Schuh 2 Strich groß, von proportionirtem Wuchse, hat schwarze kurze abgeschnittene Haare, eine hohe Stirne, graue Augen, eine aufgeworfene Nase, und aufgebogenen Mund, ein gebogenes Kinn, ein volles Gesicht mit kleinen Pockennarben, und leidet durch zugefügte Schläge am Gehör. Derselbe versteht etwas von der Schneiders-Profession, handelt mit Zunder, seine Kleidung besteht in einem dunkelblauen Frack mit weißen metallenen Knöpfen, einem braunen seiden Halstuche, einer Weste von rothem Schweizer-Kattun mit röthlichen Blumen, auch einer weißen Piquet-Weste, einer langen Hose von Leinwand, Bendelschuhen und einer grauen Pudelkape. Derselbe mag auch eine lange dunkelblaue Hose und ein solches Kamisol tragen.

Dessen Geliebte, die Tochter der Eingangsgedachten Fulder-Liese, Namens Eva, ist 20 oder 21 Jahre alt, von Laufach bei Aschaffenburg gebürtig, etwas über 5 Schuh groß und schlank, hat ein längliches Gesicht, schwarze Haare, eine niedrige Stirne, braune Augen, eine schmale Nase und kleinen Mund, dieselbe trägt einen braunen Rock von Beidergemenge, ein hellblautuchenes schon zerrissenes Mützgen, eine blaugedruckte Schürze von Leinwand, geht manchmal ohne Schuhe, und hat eine Würzburger Haube. Solche hat einen Knaben von einem Jahre bei sich.«

Über Veit Krämer steht in der von dem Heidelberger Stadtdirektor Dr. Pfister verfaßten »Aktenmäßigen Geschichte der Räuberbanden an den beiden Ufern des Mains, im Spessart und im Odenwald«: »Sein Vater ist Albert Krämer, vulgo Zunderalbert, ein alter Gauner, welcher schon seit mehreren Jahren zu Würzburg im Gefängnis sitzt und auch dort der wohlverdienten Strafe entgegensieht.« Von der »Fulder-Lies«

und ihrer Tochter Eva aus Laufach, beide also Begleiterinnen von Albert und Veit Krämer wird berichtet:

»Beide Weibsleut sind lebhafte, stets muntere Geschöpfe, welche als Bänkelsängerinnen die Märkte besuchen und so das zu verdienen strebten, was Veit entweder nicht verdienen konnte, oder wenn er es verdient hatte nicht abgab, weil er es größtentheils zu vertrinken pflegte. Veit wurde ganz im Gaunerleben und zu diesem erzogen. Er hat nie eine feste Wohnstätte gehabt. Schon in seinem 15. bis 16. Jahre wurde er von seinem Vater zu Einbrüchen mitgenommen und teilte mit ihm die Beute. Wenn er nicht als der verworfenste, ausgemachteste Bösewicht erscheint, so ist dieses weniger seiner Erziehung und der Mühe, welche sich sein Vater gab, ihn zum vollendeten Räuber zu bilden, zuzuschreiben, als der Eigenthümlichkeit seines Charakters, welcher zwar ein Uebermaß von unendlichem Leichtsinn, aber auch eine große Gabe Gutmütigkeit, oder wenn man lieber will, Schwäche zu enthalten scheint. Er selbst hat bei einer Confrontation dem Hölzerlips, welcher erklärte, wenn er je wieder frei würde, wolle er ein ehrlicher Mann werden, ganz offen entgegnet: Wenn du heut los kommst, so schuppst (stehlst) du wieder, ehe drei Tag vergehen!

Dr. Pfister schildert in seinem Buch auch einen typischen Überfall auf eine »Chaise« im Spessart, bei der Veit Krämer – zu seiner Ehre sei's gesagt – zufällig nicht dabeigewesen war.

»Theilnehmer: 1. Friedrich Schütz, vulgo Manne Friedrich, 2. Johann Adam Treber; 3. Wilhelm, Sohn des Porzellan-Hannes; 4. Der krumme Hannfriedel; 5. Johann Martin Rupprecht, vulgo Hessen-Martin.

Dieser Raub wurde am 30ten September 1810 morgens zwischen 2 und 3 Uhr im Spessart, unweit Rohrbrunn, an dem Kaufmann Johann Richard Söltel von Nürnberg verübt. Die Räuber waren ausgegangen, um

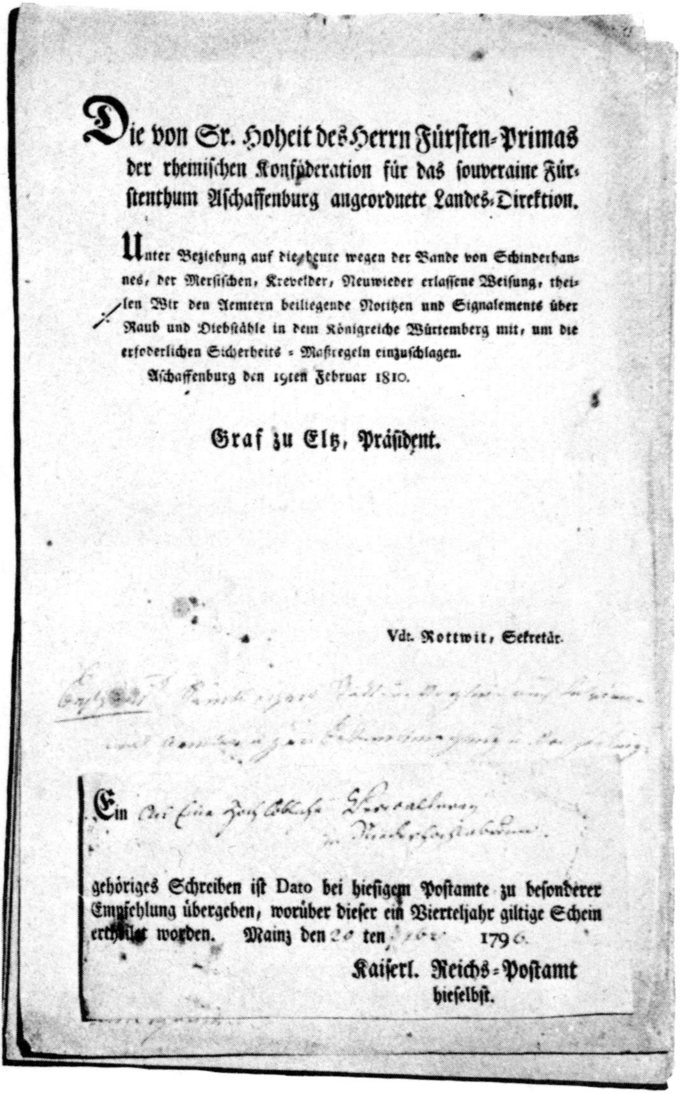

Die von Sr. Hoheit des Herrn Fürsten-Primas der rheinischen Konföderation für das souveraine Fürstenthum Aschaffenburg angeordnete Landes-Direktion.

Unter Beziehung auf die heute wegen der Bande von Schinderhannes, der Mersischen, Krevelder, Neuwieder erlassene Weisung, theilen Wir den Aemtern beiliegende Notitzen und Signalements über Raub und Diebstähle in dem Königreiche Würtemberg mit, um die erfoderlichen Sicherheits-Maßregeln einzuschlagen.

Aschaffenburg den 19ten Februar 1810.

Graf zu Eltz, Präsident.

Vdt. Rottwit, Sekretär.

Ein [illegible]

gehöriges Schreiben ist Dato bei hiesigem Postamte zu besonderer Empfehlung übergeben, worüber dieser ein Vierteljahr giltige Schein ertheilet worden. Mainz den 20 ten [illegible] 1796.

Kaiserl. Reichs-Postamt hieselbst.

Zwei Seiten aus dem »Räubersteckbrief«, der im

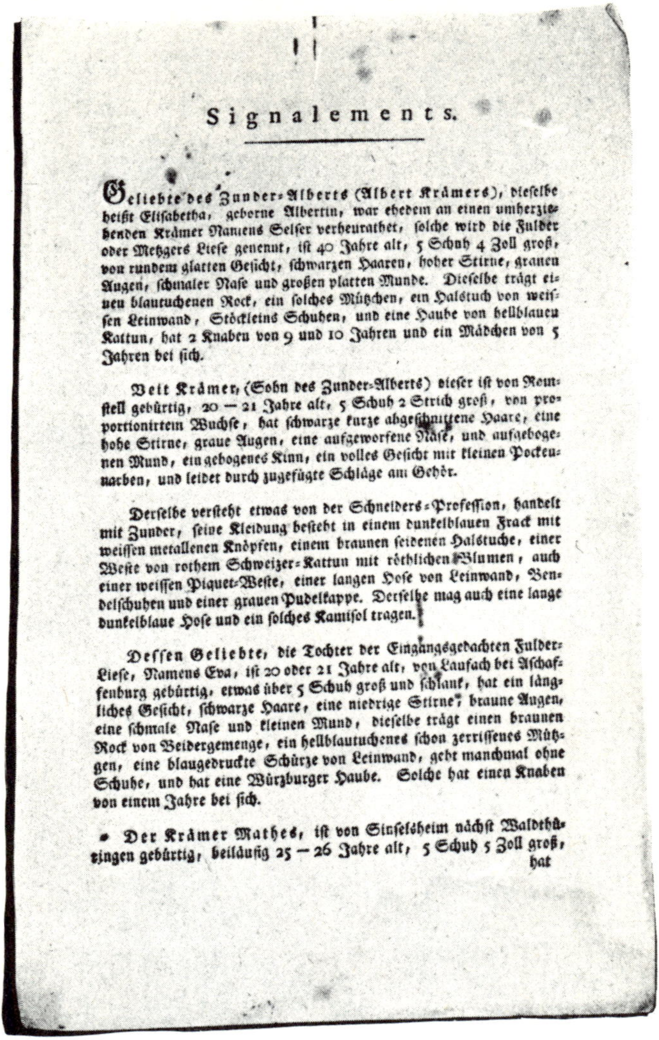

Signalements.

Geliebte des Zunder-Alberts (Albert Krämers), dieselbe heißt Elisabetha, geborne Albertin, war ehedem an einen umherziehenden Krämer Namens Selser verheurathet, solche wird die Fulder oder Metzgers Liese genennt, ist 40 Jahre alt, 5 Schuh 4 Zoll groß, von rundem glatten Gesicht, schwarzen Haaren, hoher Stirne, grauen Augen, schmaler Nase und großen platten Munde. Dieselbe trägt einen blautuchenen Rock, ein solches Mützchen, ein Halstuch von weissen Leinwand, Stöckleins Schuhen, und eine Haube von hellblauen Kattun, hat 2 Knaben von 9 und 10 Jahren und ein Mädchen von 5 Jahren bei sich.

Veit Krämer, (Sohn des Zunder-Alberts) dieser ist von Romstell gebürtig, 20 – 21 Jahre alt, 5 Schuh 2 Strich groß, von proportionirtem Wuchse, hat schwarze kurze abgeschnittene Haare, eine hohe Stirne, graue Augen, eine aufgeworfene Nase, und aufgebogenen Mund, ein gebogenes Kinn, ein volles Gesicht mit kleinen Pockennarben, und leidet durch zugefügte Schläge am Gehör.

Derselbe versteht etwas von der Schneiders-Profession, handelt mit Zunder, seine Kleidung besteht in einem dunkelblauen Frack mit weissen metallenen Knöpfen, einem braunen seidenen Halstuche, einer Weste von rothem Schweizer-Kattun mit röthlichen Blumen, auch einer weissen Piquet-Weste, einer langen Hose von Leinwand, Bendelschuhen und einer grauen Pudelkappe. Derselbe mag auch eine lange dunkelblaue Hose und ein solches Kamisol tragen.

Dessen Geliebte, die Tochter der Eingangsgedachten Fulder-Liese, Namens Eva, ist 20 oder 21 Jahre alt, von Laufach bei Aschaffenburg gebürtig, etwas über 5 Schuh groß und schlank, hat ein längliches Gesicht, schwarze Haare, eine niedrige Stirne, braune Augen, eine schmale Nase und kleinen Mund, dieselbe trägt einen braunen Rock von Beidergemenge, ein hellblautuchenes schon zerrissenes Mützgen, eine blaugedruckte Schürze von Leinwand, geht manchmal ohne Schuhe, und hat eine Würzburger Haube. Solche hat einen Knaben von einem Jahre bei sich.

Der Krämer Mathes, ist von Sinselsheim nächst Waldthüringen gebürtig, beiläufig 25 – 26 Jahre alt, 5 Schuh 5 Zoll groß, hat

Museum des Schlosses Mespelbrunn aufbewahrt wird

in der Nacht einen Fuhrmannskarren vor einem Wirtshause aufzuschneiden und zu berauben. Es wurde auch wirklich einer aufgeschnitten; da sich aber fand, daß er blos Säcke mit Wolle enthalte, so verließen ihn die Räuber und setzten ihren Weg weiter fort. Oberhalb Aschaffenburg fanden sie in einem Dorfe wieder Frachtwagen vor einem Wirtshause stehen, es befanden sich aber Hunde dabei. Der kleine Johann war auf diesen Fall mit Krähenaugen versehen und brachte auch wirklich den Hunden welche bei. Es crepierte aber nur einer der Hunde und sie mußten ihr Vorhaben aufgeben. Am andern Morgen hatten sie die Frechheit, sich in das nämliche Wirtshause zu begeben und sich von dem Wirthe die Vergiftung seines Hundes erzählen zu lassen. Sie zogen dann weiter, um in der folgenden Nacht, bei einem im Walde liegenden, einzelnen Wirtshause, vor welchem auch Frachtwagen zu halten pflegten, ihr Heil zu versuchen. Sie kamen an, fanden aber keine solche Wagen und traten nunmehr den Rückweg an. Auf diesem Rückwege fuhr eine Chaise an ihnen vorüber. Hannfriedel versuchte den Koffer abzuschneiden; er war aber angeschraubt oder mit Ketten festgemacht und darum mislang sein Versuch. Die Reisenden in der Chaise hatten inzwischen Unrath gewittert, und sahen sich nach dem Koffer um. In demselben Augenblicke sprang der kleine Johann, welcher der Chaise gefolgt war, bei und schlug das eine Pferd mit einem Steine nieder. Die andern kamen auch bei und schlugen mit ihren Prügeln auf den Chaisenkasten.

Die Reisenden, welche das Kommando des einen der Räuber: Haltet die Pferde an, werft die Chaise um, und das Schlagen und Werfen auf die Chaise bange gemacht hatte, sprangen heraus und entflohen, auch der Kutscher entfloh. Der Verlust an Geld und Effekten betrug nach eidlicher Angabe 1200 Gulden.«

Überfälle dieser Art waren in der unsicheren Zeit damals im Spessart immer zu erwarten. Den entsetzten Reisenden blieb nach dem Getrommel mit den Buchenknüppeln auf die Kutsche nichts anderes übrig, als um ihr Leben zu flehen. Auch Viehtreiber, Handwerksburschen, Handelsjuden wurden auf der Straße angefallen, ausgeplündert und verprügelt. Als im Mai 1811 zwei angesehene Kaufleute aus der Schweiz, die von der Frankfurter Ostermesse zurückreisten, bei Heppenheim überfallen und so übel zugerichtet wurden, daß der eine wenige Tage später starb, setzte schließlich ein großes Kesseltreiben nach den Räubern ein. Unter den eingefangenen verdächtigen Männern mit einem Bündel Kleider aus dem Besitz der Schweizer Kaufleute, war auch ein gewisser Valentin Schmitt, angeblich aus Berlin.

»Der peinliche Richter, Herr Brill zu Darmstadt, nahm sich der Sache mit rühmlichem Eifer an und es gelang seiner Bemühung, den sogenannten Schmitt zum Bekenntnis zu bringen, daß er eigentlich Veit Krämer heiße und daß er mit fünf andern zwei Kaufleute an der Bergstraße ausgeraubt hatte ...«

Nach Krämers weiterem Geständnis wurden dann fünf berüchtigte Räuber in Heidelberg inhaftiert: Hölzerlips, Manne Friedrich, Köhler Andreas, Langer Andreas und der Basti. Schwer gefesselt gelang es dem Basti noch einmal auf kaum glaubliche Art und Weise auszubrechen: Er hatte mit den Schultern ein Gitterfenster samt Rahmen ausgehoben, einen Kloben dazu benutzt, und »die beiden neuen, guten Schlösser der Ketten, womit er kreuzweis gefesselt war, erbrochen; er hatte seine Decke zerrissen, ein Seil gedreht und war durch das Loch in der Mauer entschlüpft und noch drei Meter tief hinuntergesprungen.« Sein Hemd zog er als Beinkleider an und so schlug er sich als harmloser Irrer noch durch den halben Odenwald. Dann wurde er doch wieder gefangen.

Aber auch schon vorher waren Überfälle vor allem bei Rohrbrunn keine Seltenheit. In den einschlägigen Akten kann man heute noch nachlesen was sich so alles zugetragen hat, und wie ohnmächtig die »Landmiliz« damals war, denn wer konnte im unwegsamen Wald einen Räuber finden? Postwagen wurden in den Jahren 1787, 1788 und 1789 ausgeraubt, Postbedienstete und Reisende verletzt und sogar getötet. Die Strafen, die auf Postraub standen, waren hart und nicht nur einmal wurde vermerkt. »Durch das Rad vom Leben zum Tod zu bringen sei, der Gestalt jedoch, das ihm der sogenannte Gnadenstoß gleich auf das Herz zu haben wäre.«

Am 3. Juni 1809 wurde Georg Kreßmann, ein Schiffsknecht aus Kitzingen von »fremden Kerls«, wahrscheinlich französischen Deserteuren, überfallen. Darüber berichtete die fürstlich primatische hohe Landesdirektion Aschaffenburg:

»Georg Kreßmann aus Kitzingen macht Anzeige bei seiner Retour-reise von Frankfurt nach Kitzingen. Er habe heute nacht zu Grünmorsbach bei dem Wirt Damian Herbert gelegen, von wo aus er um drei Uhr des Morgens nach Esselbach aufgebrochen sei. Auf der Höhe vom Rohrbach seien sechs Kerle rechts aus dem Wald herausgegangen auf ihn zugekommen, hätten ihn gefragt wo er herkäme, worauf er geantwortet, er komme aus Frankfurt. Sie hätten ihn weiter gefragt ob er keine Truppen gesehen, worauf er erwidert, was sie das anginge, sie hätten nun gefragt wo ist dein Geld, ich habe nur einige Kreuzer Zehrgeld habe er gesagt, daraufhin wurde er festgehalten, es wurde nach Geld gesucht, alles Geld und das Brot wurden ihm abgenommen. Er habe sich in Esselbach Geld leihen müssen.«

Ludwig Emil Grimm, der Bruder von Jakob und Wilhelm, zeichnete im Jahre 1850 eine »Reiserolle«, eine illustrierte Reisegeschichte. Die Reise durch den Spessart wurde mit zahlreichen Skizzen illustriert

Der Überfall alarmierte die Landmiliz. Am 4. Juli wurde, wie im Rothenbucher Archiv noch nachzulesen ist, »auf der Stelle durch den Trommelschlag die dahiesige Zehntmannschaft und Landmiliz versammelt und mit derselben in zwei Abteilungen ein Streifzug vorgenommen, ohne auf die Spur dieser Räuber gekommen zu sein.«

Einsames Rohrbrunn

Der Name Rohrbrunn tauchte nach der Aufhebung der Posthalterei im Jahre 1820 nicht mehr in den Akten und Urkunden auf, die über Ereignisse an der Straße oder über Postkurierdienste berichteten. Was einst mit so großen Hoffnungen begonnen hatte, endete nach fast 200 Jahren still und ohne Aufsehen zu erregen.

Die kurmainzische Regierung gab im 18. Jahrhundert viel Geld für den Straßenbau aus. Der gesamte Verkehr von Österreich aus über Franken ins Rheinland ging durch kurmainzer Gebiet, und Kaiser und Könige benutzten die Straße, die allgemein gelobt und deren Lage in der Landschaft als einmalig schön bezeichnet wurde. Der Postverkehr erreichte um die Mitte des 19. Jahrhunderts seinen Höhepunkt. Zwischen Würzburg und Frankfurt waren damals in Roßbrunn, Esselbach, Hessenthal, Aschaffenburg, Dettingen und Hanau Poststationen. In Rohrbrunn fuhren die Postkutschen vorbei, und die Kurierreiter warfen nur einen flüchtigen Blick auf die Einöde, deren Gebäude keinen einladenden Eindruck mehr machten.

Als Großherzog Karl von Dalberg noch residierte und den Fürsten Karl Alexander von Thurn und Taxis zum Erblandpostmeister ernannte, hatte man der alten Poststation Rohrbrunn zwar noch das Recht belassen, das primatische Wappen – ein sechsspeichiges Rad im roten Feld – anzubringen. Aber das war eine letzte Reverenz für ein einstmals bedeutsames Haus der alten thurn-und-taxisschen Post. Auch die Fürsten von Thurn und Taxis mußten schließlich einer neuen Zeit ihren Stolz und ihre Traditionen opfern. Preußen verlangte gegen Ende des 19. Jahrhunderts seine Rechte am Postdienst und im Jahre 1871 übernahm das Deutsche Reich die Post. Bayern erhielt 1871 eine selbständige Postverwaltung zugesprochen, ebenso auch ein eigenes Oberkommando über sein Heer in Friedenszeiten. Das war ein Zugeständnis, damit König Ludwig II. der Ausrufung Wilhelms zum »Deutschen Kaiser« zustimmte. Die eigene Bayern-Post wurde erst zum 1.7.1921 eingestellt.

Inzwischen hatte sich auch die Bahn ihre Rechte gesichert und der Straße rasch den Rang als Verkehrsträger genommen. Am 22. Juni 1854 fuhr zum erstenmal ein Zug von Frankfurt nach Aschaffenburg, am 1. Oktober des gleichen Jahres wurde die Verbindung mit der bayerischen Westbahn hergestellt. Im Frühjahr 1877 wurde die Strecke Aschaffenburg–Miltenberg in Betrieb genommen, ein paar Jahre später – 1883 – die Strecke Lohr–Wertheim, und bald danach auch die Strecke Miltenberg–Wertheim.

Der Spessart indes blieb ein stilles, einsames Waldgebirge, und die große Straße über Rohrbrunn wurde immer seltener benutzt. Rohrbrunn aber behielt weiterhin eine magische Anziehungskraft für alle, die sich der modernen Zeit nicht unterordnen wollten und die Stille und Einsamkeit liebten. Das Reisen und Wandern war neu entdeckt worden; der Benzinmotor war erfunden. Die Wandervogelzeit prägte entscheidend das ausgehende 19. Jahrhundert. Rohrbrunn konnte damals mehr schenken, als nur Erinnerungen an vergangene Zeiten. Einsames Rohrbrunn? Ja und

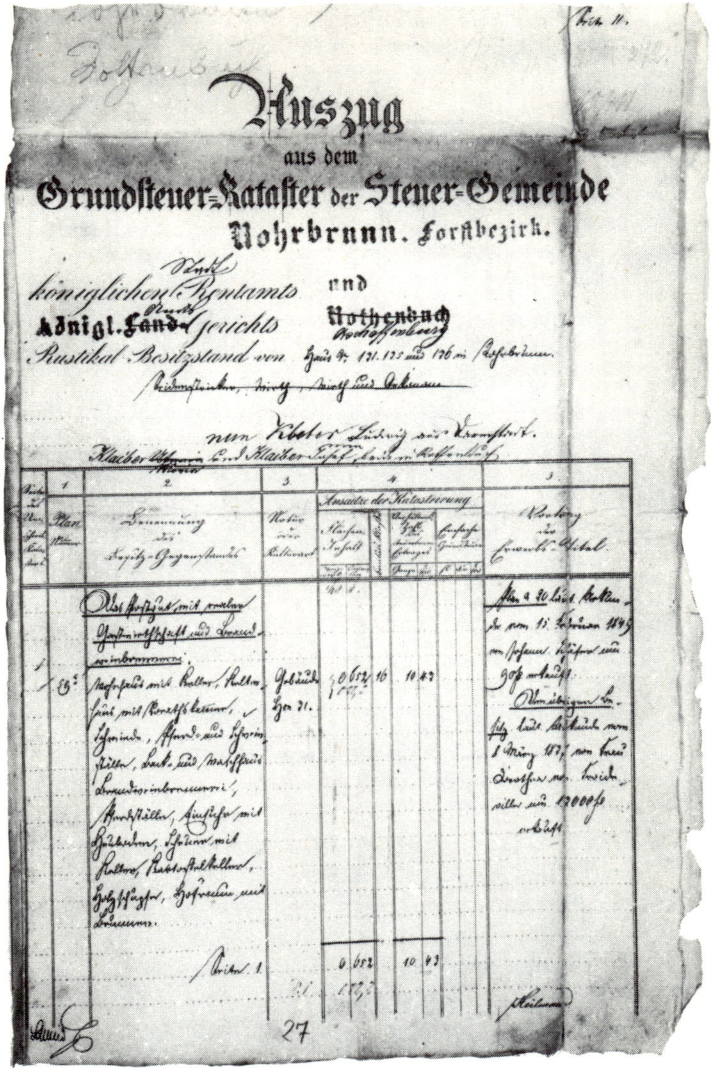

Auszug

aus dem

Grundsteuer-Kataster der Steuer-Gemeinde

Rohrbrunn. Forstbezirk.

königlichen Rentamts und

Königl. ~~Land~~gerichts ~~Rothenbuch~~

Rustikal-Besitzstand von

	1	2	3	4				5
	Plan-Nummer			Ansätze der Katastrierung				
					16	10 43		
				0 652		10 43		

27

Auszug aus dem Grundsteuer-Kataster Rohrbrunn

nein zugleich. Einsam blieb es mitten im Spessart immer, aber Ansätze waren im 19. Jahrhundert genug vorhanden, um aus der Einsamkeit eine Oase der Lebensfreude und der Erholung zu machen. Daß dies nie gelang, ist einer jener tragischen Zufälle, die in der Rohrbrunner Chronik mehrfach zu finden sind. Als Rohrbrunn als Poststation im Jahre 1820 seine Bedeutung verloren hatte und der letzte Inhaber, Valentin Schmelz, sein Hab und Gut veräußern mußte, gehörte Rohrbrunn zu Bayern, und das bayerische Königshaus hatte ein ganz besonderes Interesse daran, Rohrbrunn zu erhalten, aber auf keinen Fall daraus eine Touristenattraktion zu machen.

Tüchtige Forstbeamte wurden nach Rohrbrunn geschickt. Das Forsthaus »Diana« diente ihnen als Wohnung. Ausgestattet mit dem persönlichen Vertrauen der Könige von Bayern, dem Wald verbunden, unablässig besorgt um die kostbaren Eichenhochwaldungen, die Jahr für Jahr dem bayerischen Staat hohe Gewinne brachten, der Jagd zugetan, weil sie auch weiterhin ein Vergnügen der Regierenden war, bestimmten nunmehr ausschließlich die Forstbeamten was in Rohrbrunn geschehen sollte und was zu unterlassen war. Der endlose Streit zwischen der Forstbehörde einerseits und denjenigen, die mit hochfliegenden Plänen nach Rohrbrunn kamen, fand erst dann sein Ende, als das »Wirtshaus im Spessart« nicht mehr stand, als die Einöde verschwunden war, und als sich kein Anlaß mehr bot »höheren Orts« einzuschreiten. Die Familie Schmelz blieb zwar nach ihrem offiziellen Ausscheiden aus dem Postdienst noch eine Weile in Rohrbrunn und versuchte aus den armseligen Äckern zwischen den Wäldern eine rentabele Landwirtschaft zu machen, aber der gute Wille allein nützte nicht viel.

Nunmehr war das bayerische Königshaus am Spessart als Jagdgebiet interessiert, die Grenzen für Rohrbrunn wurden sehr eng gesetzt, »königliche Order« wurden erteilt und damals begann das, was sich im Gegensatz zu früheren Jahren kleinbürgerlich und pedantisch ausnimmt, so daß Rohrbrunn seinen Charakter als Einöde völlig verlor. Zwar wurde im Jahre 1890 im alten Haus wieder eine Postexpedition eingerichtet, die fünf Jahre später in eine Postagentur umgewandelt wurde, aber diese Station diente in erster Linie den königlichen Jagdgesellschaften, die auf Nachrichten aus München auch im Spessart nicht verzichten wollten. Die Postdienste besorgte zuerst ein Förster, später ein Straßenwärter. Allein daraus geht hervor, daß nicht allzuviel im einsamen Rohrbrunn zu tun war.

Als Mittelpunkt eines uralten Waldgebietes aber hatte Rohrbrunn bereits schon im 17. Jahrhundert eine besondere Bedeutung. Im Jahre 1660 wurde eine neue Waldordnung erlassen und die Forstmeister bekamen genaue Dienstanweisungen. Damals begann die systematische Aufzucht der Eichen, die in die Jahre und in die Jahrhunderte wuchsen und immer kostbarer wurden.

Gegen Ende des 18. Jahrhunderts erließ Kurfürst Friedrich Karl von Erthal die »interimistische Forstinstruktion«, die geeignet war, dem Wald den besten Schutz zu geben.

Am Beginn unseres Jahrhunderts wurde den Furniereichenbeständen im 5500 ha großen Rohrbrunner Forst der Name »Währung Bayerns« gegeben, ein Name der auch heute noch zu Recht besteht.

Das Forstamt blieb in Rohrbrunn die einzige Institution, die Traditionen erhalten, Geschichte geachtet und Werte über die Zeiten gerettet hat. Wenn heute 300–500 Jahre alte Eichen im Rohrbrunner Forst hochwertiges Holz liefern, und wenn Preise bis zu 38000 DM für einen einzigen Stamm erzielt werden, so sind an dieser Wertsteigerung, die sich in Jahrhunderten vollzog, auch diejenigen schuld, die einst als Förster oder Forstmeister alles taten, um dem Wald das Reservat der Stille und der Einsamkeit zu erhalten. Vieles was in den vergangenen Jahrhunderten von den um den Wald besorgten Forstmeistern angeordnet wurde, mag denjenigen, die nur für die Straße zuständig waren, unverständlich geblieben sein. Heute aber, da ein Waldfunktionsplan die Grundlage der modernen Forstpolitik bildet, weiß man, daß die Forstmeister von Rohrbrunn nicht nur ihrer bescheidenen Gegenwart, sondern auch der Zukunft verbunden waren. Das Erbe von einst ist der Grundstein von heute und das Fundament für morgen.

Zum »Wirtshaus im Spessart« gehört die Geschichte der Forstwirtschaft, und es ist ihre Ehre, daß sie nie zu Ende geschrieben werden kann.

Jagdschloß im Wald

Den Plan, im Spessart bei Rohrbrunn ein Jagdschloß zu bauen, faßte Prinzregent Luitpold bereits im Jahre 1886, als die turbulenten Ereignisse in München einen Aufenthalt, weit von der Landeshauptstadt entfernt, angeraten sein ließen. Aber erst drei Jahre später, im Jahre 1889, wurde der Plan in die Tat umgesetzt. Mit dem Entwurf wurde der königliche Oberbaudirektor Ritter von Siebert beauftragt. Er entwarf ein Spessarthaus aus dem 17. Jahrhundert, natürlich größer und schöner, als es jemals im Spessart zu finden war. Mit Türmchen, gefalteten Dächern und reichem Fachwerk ausgestattet, sollte das Jagdschloß dem einsamen Weiler Rohrbrunn eine besondere Note geben. Als Baumeister wurde Karl Buchner aus Würzburg verpflichtet. Ein anderer Würzburger, der Schreinermeister Vogt, schuf die Holzvertäfelungen der Innenräume, die Parkettfußböden und die Intarsien. Auch für die Möblierung der Räume war Vogt verantwortlich. Im April 1889 wurde mit dem Bau des Schlößchens auf der Annahöhe bei Rohrbrunn begonnen; im Oktober des gleichen Jahres war es vollendet. In zwei Stockwerken und 19 Zimmern konnte es auch größeren Jagdgesellschaften als Aufenthaltsort dienen.

Eine Urkunde gibt Nachricht, daß nach einer Jagd am 5. Dezember 1889 im Beisein des Prinzregenten das

Jagdschloß »Luitpoldshöhe«, Zeichnung von R. Reschreiter

Schlößchen eingeweiht wurde. In ein Fremdenbuch, das im Schlößchen auflag, schrieb der Pfarrer von Michelrieth anläßlich der Einweihungsfeierlichkeiten die Verse:

»Der Spessart ist ein wunderbarer Wald, und drin erzählt man seltsame Geschichten. Die Welt da draußen wechselt die Gestalt, wir bleiben stets die Alten, Treuen, Schlichten!«

Das Jagdschloß, das anfangs »Jagdschloß Rohrbrunn« hieß, wurde bald umbenannt. Die Bevölkerung sagte »Luitpoldshöhe«, und dieser Name ist bis auf den heutigen Tag geblieben. Im Schlößchen wurden in den Jahren kurz nach der Jahrhundertwende fröhliche Feste gefeiert, wenn die Jagden in den Hochspessartrevieren vorüber waren. Der Prinzregent, geliebt und verehrt von der Spessarter Bevölkerung, war ein freundlicher Gastgeber, der auch den ärmsten Treiber nicht vergaß. Die Liebe zu seinem Volk wurde ihm mit Treue und Anhänglichkeit gedankt.

Auch den Kindern des Forstpersonals galt die Sorge des Regenten. Er gründete im Jahre 1901 in Rohrbrunn die »Luitpoldstiftung«. Aus dem Fonds dieser Stiftung wurden jährlich, jeweils am 12. März, dem Geburtstag des Regenten, an arme Kinder aus den Hochspessartdörfern kleine Unterhalte bezahlt. Bis zum Tage der Währungsreform nach dem 2. Weltkrieg blieb die Stiftung in Kraft. Heute ist sie Teil einer anderen sozialen Fürsorge. Der Prinzregent kam jährlich mehrmals in den Spessart. Obwohl er schon alt war, Hilfskräfte brauchte, die ihm seine Jagdausrüstung trugen, und obwohl es ihm Mühe machte, durch die Wälder zu reiten, verzichtete er zugunsten der Spessartjagd auf andere Urlaubsgebiete und Erholungsorte. »Luitpoldshöhe« wurde ihm zur zweiten Heimat.

Noch zwei Jahre vor seinem Tod – im Herbst des

Jahres 1910 – reiste Prinzregent Luitpold, 89 Jahre alt, in seinen geliebten Spessart und bezog sein Schlößchen Luitpoldshöhe. An der letzten Jagd, die damals stattfand, nahm er nur noch als Zaungast teil. Er selbst war schon Legende geworden. Als er damals von seinen Spessartfreunden Abschied nahm, drückte er jedem, der an der Jagd teilgenommen hatte, die Hand. Die Jagdgesellschaft stand ehrfürchtig vor dem greisen Prinzregenten, der sich von Jagdinspektor von Krembs alle Namen der Jäger und der Treiber sagen ließ. Als er mit seiner Kutsche Rohrbrunn verließ, um zum Sonderzug nach Aschaffenburg zu fahren, ahnten alle, daß dies der letzte Besuch des Regenten war. Sie sollten recht behalten. Prinzregent Luitpold kam nicht mehr. Er starb am 12. Dezember 1912 in München. Sein Herz kam in die Gnadenkapelle nach Altötting.

Er ist im Spessart unvergessen. Die Alten, die ihn noch gekannt haben, erzählten ihren Kindern von dem Landesvater mit dem langen weißen Bart, und diese wiederum sorgten dafür, daß auch ihren Kindern die Gestalt des Prinzregenten als Symbol einer friedvollen Zeit überliefert wurde. Das Jagdschloß Luitpoldshöhe aber ist das äußere Zeichen der Liebe des Prinzregenten zu seinem Spessart. Es hat unversehrt die Zeiten und die Kriege überstanden und ist außen und innen kaum verändert. Im Dachreiter hängt immer noch die Glocke, die einst bei Ankunft und Abreise des Prinzregenten geläutet wurde. Später wurde mit ihr – bis auf den heutigen Tag – immer die Geburt eines Kindes im Weiler Rohrbrunn angezeigt.

Den königlichen Jagdgesellschaften, die sehr oft in den Spessart kamen, wollte vor allem das Forstpersonal mit einer tadellosen Landwirtschaft aufwarten. Der Weiler Rohrbrunn unterhalb des Schlößchens bot gerade keinen schönen Anblick. Verfallene Mauern, eine baufällige Kapelle und schlecht bestellte »Gemüsegärtchen« – wie ein Förster einmal nach München schrieb – erregten bald das Mißfallen der Forstbehörde, die – streng auf dem Dienstweg – die Beschwerden über die Regierung in Würzburg nach München richtete.

Die Familie Schmelz hatte ihr Eigentum verkauft, was noch vorhanden war, wurde am 17. August 1843 für 4 975 Gulden von dem Ökonomen Seidenstricker ersteigert.

Im Sommer 1889 besaß der Ökonom und Gastwirt Severin Klaiber das Anwesen. Aber auch er konnte nicht viel herausholen, und er machte von sich aus dem bayerischen Staat ein Verkaufsangebot. Die Regierung in Würzburg erhielt sofort von München aus den Bescheid, in die Verkaufsverhandlungen einzutreten. Das rasche Interesse scheint den letzten Besitzer von Rohrbrunn etwas skeptisch gemacht zu haben. Er widerrief seine Verkaufsabsicht und stellte Bedingungen. Er verlangte unter anderem einen »Kaminkehrerbezirk«, denn er versprach sich als Kaminkehrer mehr Geld und bessere Zeiten als in Rohrbrunn. Darauf konnte die Regierung nicht eingehen. Schreibereien gingen hin und her und endlich – am 13. Februar 1891 – wurde vor dem königlichen Notariat in Aschaffenburg der Kaufvertrag geschlossen. Severin Klaiber bekam 50 000 Mark für sein Rohrbrunn, für das »Schmelz'sche Gut mit Gastwirtschaft und Branntweinbrennereigerechtsame« wie es in der Urkunde heißt. Im Auftrag des bayerischen Staates hatte Generalsekretär Freiherr von Riedel, der auch die Verhandlungen leitete, unterschrieben.

Der Staat war Herr in Rohrbrunn und ist es geblieben. Und der Staat wachte nunmehr argwöhnisch über alles, was in Rohrbrunn geschah. Das »Staatsärar«

– wie oft geschrieben wurde – sollte finanzielle Gewinne bringen, und diejenigen, die es verpachtet bekamen, hatten die Aufgabe, alles zur Zufriedenheit der Forstverwaltung zu erledigen. Daß es bei den unterschiedlichen Interessen zwischen Forst- und Landwirtschaft zu empfindlichen Auseinandersetzungen kam, ist verständlich. Nicht nur das Hofgut, auch die Gastwirtschaft sollte wieder in Betrieb genommen werden.

Am 27. August 1891 wurde ein Vertrag mit der Aschaffenburger Gesellschaftsbrauerei geschlossen. Die Brauerei war bereit, dem Pächter in Rohrbrunn Tische, Bänke und Stühle zu überlassen. Für die Gastwirtschaft war zuerst der Straßenwärter Harnischfeger zuständig, und schon er bekam einen Pachtvertrag mit umfangreichen Paragraphen vorgelegt. »Er hat den Forstamtsassistenten Bedienung und einfache Verköstigung zu verabreichen«, heißt es unter anderem in dem Vertrag, der in den folgenden Jahren immer neue und immer umfangreichere Zusatznoten bekam, so daß er als Schulbeispiel der Bürokratie, wie sie am Beginn des 20. Jahrhunderts üblich war, angesehen werden kann. Rohrbrunn brachte keinem Pächter das Glück, das er sich erwartet hatte. Auf der einen Seite hatte dort im einsamen Hochspessart, das Forstamt als staatliche Behörde eine Aufsichtspflicht zu erfüllen, die – wie man in den Urkunden noch nachlesen kann – mit peinlicher Sorgfalt ausgeübt wurde, auf der anderen Seite war der Pächter, der sich mühen mußte, aus dem kleinen Land wenigstens soviel herauszuwirtschaften, daß nicht nur die Pacht, sondern auch das tägliche Brot gesichert waren. Viele versuchten einen Neubeginn in Rohrbrunn. Sie kamen mit Hoffnungen und im guten Glauben, daß Romantik und Poesie das ihre schon tun werden, um Gäste herbeizulocken, damit Gewinne erzielt werden konnten.

Prinzregent Luitpold
auf Wildschweinjagd bei Rohrbrunn

Ihre Namen sind vergessen. Nur noch in vergilbten Forstamtsakten tauchen sie auf, zusammen mit den Zeilen, aus denen ihre »unthertänigste Bereitschaft zur Verbesserung von Rohrbrunn« herausgelesen werden kann, zusammen aber auch mit Bittschriften, Beschwerden, Eingaben – und sogar Drohungen. Rohrbrunn war um die Wende zum 20. Jahrhundert alles andere als ein Idyll und weit davon entfernt, dem Hauffschen Märchen zu entsprechen.

Im Jahre 1891 wurde abermals ein neuer Pächter gesucht. Unter den Bewerbern, die sich damals für das »ärarialische Hofgut Rohrbrunn« interessierten, war auch der Arzt Dr. Richard Wehsarg aus Hobbach, der gemeinsam mit seinen Geschwistern Rohrbrunn übernehmen wollte. Es ist nicht mehr bekannt, warum Dr. Wehsarg seinen Bruder Otto, der als Landwirt tätig war und die »Villa Elsava« in Hobbach besaß, ermunterte, nach Rohrbrunn zu gehen.

Als am 29. Januar 1892 die königliche Regierung von Unterfranken und Aschaffenburg das königliche Forstamt in Rohrbrunn beauftragte, in Verhandlungen mit dem Chemiker und Gutsbesitzer Otto Wehsarg einzutreten, begann jener verhängnisvolle Weg, der die so angesehene Familie Wehsarg in ein Chaos führte, das schließlich von allen Familienmitgliedern nur Opfer forderte. Der Pachtvertrag wurde am 12. Februar 1892 geschlossen. Es unterschrieben: Otto Wehsarg – Dr. Richard Wehsarg – dessen Frau Mary, geb. Wagner – Frau Wilhelmine Lahr, geb. Wehsarg, die Witwe des Eisenwerksbesitzers Konrad Lahr – Fräulein Marie Wehsarg und Pfarrer Karl Wehsarg, der eigens aus Wintersheim in Hessen zur Beurkundung angereist kam. Der Staat wollte vorerst für zehn Jahre das 30 Hektar große Grundstück verpachten. Als Pachtzins wurden 3 125 Mark jährlich festgelegt.

Bereits in den ersten Paragraphen erläuterte die königliche Regierung ihre Wünsche betreffs der Gastwirtschaft, die immer noch »Zum Hochspessart« hieß.

»Die Pächter verpflichten sich – unter sachgemäßer Benützung der Pachtobjekte – während der wärmeren Jahreszeit eine feine Gast- und Schenkwirtschaft für Sommerfrischler und Touristen, im übrigen aber während des ganzen Jahres eine den Bedürfnissen des Lokalverkehrs und der Holzhändler angemessene Gastwirtschaft zu betreiben.«

In einem anderen Paragraphen wurde festgelegt, daß der Pächter sein Eigentum als Sicherheit dem »Staatsärare« zu verpfänden habe. Bald aber zeigten sich die ersten Schwierigkeiten, und der Brief vom 26. April 1892 vom bayerischen Staatsministerium an das Straßen- und Flußbauamt in Aschaffenburg, das damals für die Betreuung der Bauten in Rohrbrunn zuständig war, gibt bereits deutlich zu erkennen, daß einige Klagen über Rohrbrunn in München eingetroffen waren.

»... um die Pächter völlig klaglos zu stellen und denselben in Einleitung des von ihnen erwarteten guten Wirtschaftsbetriebes nach Thunlichkeit zu erleichtern, wird darum gebeten, sofort mit den genehmigten Bauarbeiten zu beginnen.«

Es wurden Neubaumaßnahmen durchgeführt, aber alles verzögerte sich, so daß im Winter 1892 der Pächter Otto Wehsarg an die Regierung schreiben mußte, er könne in die undichten Ställe kein Vieh einstellen, alles sei heruntergekommen, die Felder seit 20 Jahren nicht gedüngt und schließlich mangele es an Wasser, um die Gastwirtschaft den Wünschen der Regierung gemäß führen zu können. Als schließlich Otto Wehsarg, ein Mann, der auf künstlichen Dünger großen Wert legte, mehrere Zentner Thomasmehl, Superphosphat und Kalk nach Rohrbrunn bringen ließ, um damit die Felder zu düngen, protestierte der damalige Forstmeister Lösch, schrieb einen bösen Brief nach München, in dem die Vorzüge des »animalischen« Düngers gepriesen wurden, und der erste Streit trübte das Verhältnis zwischen Forstverwaltung und Pächter. So ist es geblieben.

Die Briefe des Forstamtes, das angewiesen worden war, ein »wachsames Auge« auf den Pächter und das Staatsärar zu haben, schildern genau die Zustände, wie sie damals in Rohrbrunn herrschten. Auch die Gaststätte blieb nicht verschont. Im Sommer sei dort kein Eis vorhanden, weil man im Winter vergessen habe, Eis einzubringen und zu lagern, es gäbe schlechtes Essen, und es könne dort kein Kutscher, noch weniger ein königlicher Gast einkehren. Es kam eine Untersuchungskommission aus Würzburg und das von ihr gefertigte Protokoll aus dem Jahre 1893 ist Beweis genug, daß alle Hoffnungen der Familie Wehsarg bereits zu diesem Zeitpunkt zunichte waren. In Rohrbrunn gab es – laut Niederschrift – »... ein altes Pferd, zwei Kühe, zwei Rinder, ein Stier, ein Kalb und zwei Geisen.«

Genau wurde auch registriert, wer außer der Familie Wehsarg noch in Rohrbrunn wohnte, um für das Wohl der Gäste sorgen zu können. Es waren dies: Zwei Kellner, zwei Zimmermädchen, eine Magd, ein Waschmädchen, eine Köchin und ein Knecht. In der Mitteilung, die am 16. August 1893 mit dem Vermerk »Streng vertraulich« vom königlichen Rentamt in Aschaffenburg an das Forstamt in Rohrbrunn ging, standen noch die Sätze: »Gerüchterweise verlautet, daß die ganze Habe des Wehsarg gepfändet sei.« Das Forstamt erwiderte: »Zwangsversteigerung nicht ausgeschlossen!«

Zu allem Unglück erreichte am 27.12.1893 das königliche Staatsministerium der Finanzen noch folgender Brief, den der königliche Obersthofmeisterstab geschrieben hatte:

»Der dermalige Pächter des Hofgutes Rohrbrunn hat für die bei Gelegenheit der im Herbst 1893 im Spessart abgehaltenen Hofjagden stattgehabte Einstellung der Hofpferde so exorbitante Preise gefordert, daß sich der königliche Oberststallmeisterstab gezwungen sah, deren Zahlung abzulehnen und Klagestellung abzuwarten!«

Im Namen des Prinzregenten hatte sich ein Graf zu Castell beschwert, und als am 2. Januar 1894 Otto Wehsarg – sicher schweren Herzens – um die Stundung des Pachtzinses nachsuchte, wurde ihm jede Hilfe versagt. Recht ironisch nimmt sich der Brief aus, den das Forstamt als Antwort auf das Stundungsgesuch schrieb:

»Der tüchtige Landwirt sät seinen Hafer im Monat März. Lautet doch eine bewährte Bauernregel: Märzensaat gibt einen Hafer, Aprilsaat ein Häberle. Daß Sie durch die Art und Weise, wie Sie auf Rohrbrunn wirtschaften, den Pachtbedingungen nicht gerecht werden, darüber werden Sie wohl selbst nicht im Unklaren sein, wie auch darüber, daß der Fiskus Ihnen mit der Verpachtung nicht das Recht einräumt, dieses Staatsgut nach Willkür herunterkommen zu lassen!«

Der Brief wurde auch der Regierung vorgelegt.

Dennoch versuchte Otto Wehsarg noch einmal alles, um Rohrbrunn zu retten, um das Land für sich und für seine Familie zu erhalten, aber das Glück hatte ihn verlassen. Die »allerhöchste Hofhaltung« kam ihm sogar entgegen und ermäßigte die Pacht. Es kam ein goldener Sommer, der Gäste nach Rohrbrunn brachte, die sogar etwas länger blieben, als es gewöhnlich üblich war. Ottos Geschwister, vor allem Pfarrer Karl Wehsarg, halfen mit Geld, aber auch der erniedrigte Pachtzins konnte nicht mehr aufgebracht werden. Am 17. Februar 1898 kündigte, im Auftrag des königlichen Ministeriums, die Kammer der Finanzen den Pachtvertrag. Die Familie Wehsarg war arm geworden, ihr Hab und Gut war verpfändet, ihr »geliebtes Rohrbrunn«, wie es Frau Wilhelmine Lahr einmal genannt hatte, war wieder eine armselige Einöde geworden. die so gar nicht zu dem Glanz passen wollte, den die feinen Jagdgesellschaften in den Spessart brachten.

Vielleicht hatte Otto Wehsarg, krank und grau geworden, noch einen kleinen Trost: auch der Pächter, der nach ihm das Hofgut übernahm, Forstwart Harengel, hatte kein Glück, auch über ihn beschwerte sich das königliche Jagdbegleitpersonal, und auch ihm mußte bald gekündigt werden. Abermals wurde die Stelle eines Pächters für Rohrbrunn neu ausgeschrieben, und abermals verfehlte der Name Rohrbrunn nicht seine Wirkung. Es meldeten sich ein Küchenmeister aus Büdingen, ein Hotelier aus Wertheim, ein Bierbrauer aus Stadtprozelten, ein Gastronom aus Frankfurt und noch ein paar andere. Aber nun ließ sich die Regierung viel Zeit und prüfte genau. Schließlich einigte man sich, die Gastwirtschaft wieder einem Forstwart zu übergeben, denn von dem Hofgut versprach sich niemand mehr einen Gewinn.

In Hobbach, in ihrem Haus, das ihr von allem noch geblieben war, schrieb um diese Zeit Frau Wilhelmine Lahr einen Brief an seine Königliche Hoheit Prinz Ludwig von Bayern. Wie kaum ein anderes Dokument ist dieser Brief geeignet, die wahren Verhältnisse in Rohrbrunn, wie sie gegen Ende des 19. Jahrhunderts waren, deutlich werden zu lassen. Frau Lahr hatte mit Rohrbrunn ihren Kindern ein Paradies schenken

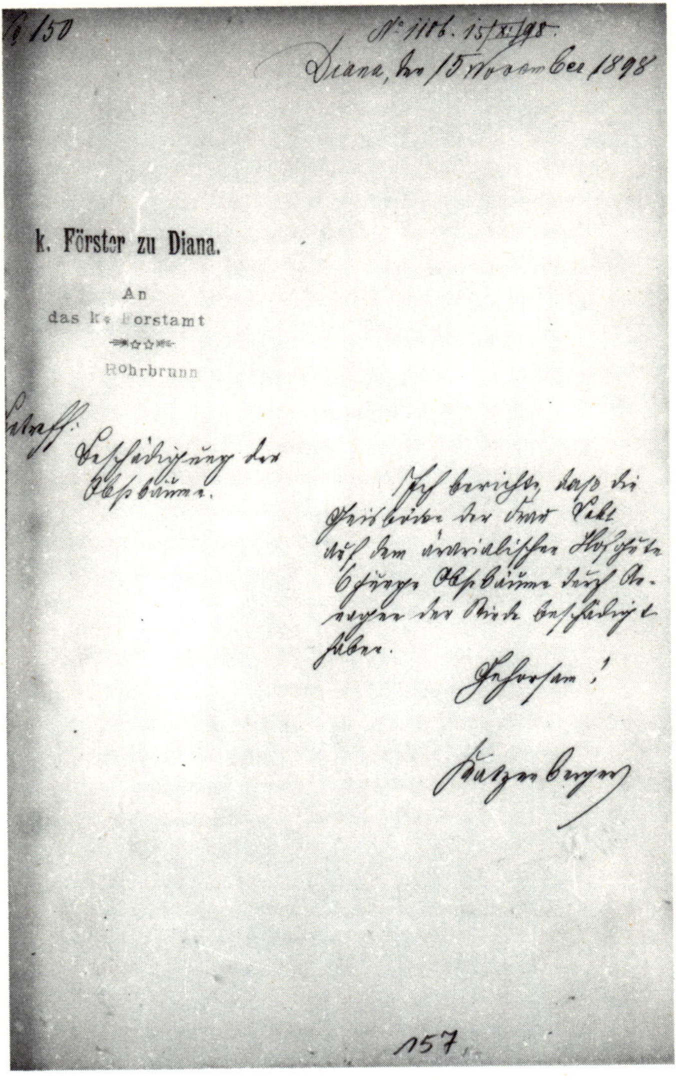

No 150

No 1106. 15/XI/98.

Diana, den 15 November 1898

k. Förster zu Diana.

An
das k. Forstamt
Rohrbrunn

Betreff: Beschädigung der Obstbäume.

Ich berichte, daß die [illegible] der [illegible] auf dem ärarialischen Hofgute [illegible] Obstbäume durch [illegible] der [illegible] beschädigt haben.

Gehorsam!

[illegible]

157.

Beschwerde eines Försters an die »übergeordnete Dienststelle«

wollen, sie hatte sich abgemüht, um die schöne, einsame Insel mitten im Wald zu erhalten, sie wollte eine Heimat gründen, die auch noch im 20. Jahrhundert ihrem Namen Ehre machen sollte. Das Schicksal gönnte ihr kein Glück und zerstörte alle Hoffnungen. Damals hatte ihr ältester Sohn, für den sie das »Wirtshaus im Spessart« – wie sie scherzhaft einmal schrieb – aufbauen wollte, die Heimat bereits verlassen. Er war Kellner auf einem Ozeandampfer. Der zweite Sohn hatte als Gärtner eine Stelle gefunden, die anderen Kinder – August und Luise – gingen noch zur Schule.

In ihrer steilen, schönen Schrift richtete Frau Lahr am 18. Januar 1899 folgende Bitte nach München:

»Ihre Königliche Hoheit werden entschuldigen, wenn ich mit einer Bitte zu Ihnen komme, aber da ich weiß daß Sie ein Beschützer und Beförderer der Landwirtschaft sind, so glaube ich es wagen zu dürfen, Sie anzusprechen. Das Geld für Rohrbrunn war nicht zu erschwingen. Mein Vater gab mir jedes Jahr über 1000 Mark dazu, und er ist doch schon 78 Jahre alt. Ich hatte mich auf den Hobbacher Hammer verheiratet, aber die Hämmer gingen retour und wir richteten ein Sägewerk ein. Als dies im Stande, starb mein Mann und ich blieb mit vier Kindern allein. Ich pachtete nun Rohrbrunn und glaubte etwas für die Kinder tun zu können, aber dies war auch nichts. Es kamen trockene Jahre, schlechte Ernten und die Felder waren moosüberzogen. Dreiviertel Jahr ist Winter in Rohrbrunn. Alles Vieh hat das Rentamt gepfändet, auch die Kaution von 4000 Mark. Ich müßte ganz leer von hier abziehen. Auch die Möbel sind gepfändet. Ein niederer Beamter schrieb an den Stalloffizianten, daß man in Rohrbrunn nichts bekäme. Die Hofgesellschaft koche selbst. Ich hatte den Schaden. Ich wollte nun Ihre Königliche Hoheit aller unterthänigst

Giro-Conto bei der Reichsbank.
Giro-Conto bei der Bayer. Notenbank.

den 19. Februar 1907

O.

Titl.

pr. 20. II. 07 No. 322

Kgl. Forstamt

Rohrbrunn.

Im Besitze Ihrer geehrten Zuschrift vom 10.cr. haben wir Interesse für die Sache und sehen Ihrer gefälligen Nachricht entgegen, wann eine nähere Aussprache diesbezüglich stattfinden kann.

Hochachtungsvoll!

Bayerische Actien-Bierbrauerei
Aschaffenburg
Die Direction

39

Eine Brauerei bekundet ihr Interesse am Wirtshaus in Rohrbrunn

Verpachtung

des staatlichen Gastwirtschafts-Anwesens zu Rohrbrunn im Spessart.

Das an der Würzburg-Aschaffenburger Staatsstraße zwischen Esselbach und Hessental inmitten herrlicher Laubwaldungen gelegene staatliche Gastwirtschafts-Anwesen Rohrbrunn, bestehend aus Wohnhaus mit Glashalle, großem Nebenhaus, angemessenen landwirtschaftlichen Nebengebäudeu und unmittelbar anschließendem Garten-, Acker- und Wiesenland zu über 6 Hekt. soll zur Fortführung der besonders von Sommergästen viel besuchten Gastwirtschaft und zum landwirtschaftlichen Betriebe vom 15. April 1920 ab auf 10 Jahre weiterverpachtet werden.

Die Pachtbedingungen sind in einem Bedingnishefte zusammengefaßt, welches bei der Regierungsforstkammer in Würzburg und beim Forstamte Rohrbrunn zur Einsicht aufliegt.

Pachtliebhaber wollen ihre Angebote

bis längstens 5. April 1920

bei der Regierung von Unterfranken und Aschaffenburg, Kammer der Forsten, in Würzburg einreichen und die erforderlichen Nachweise über ihre persönlichen und Vermögensverhältnisse beigeben.

Die Regierung behält sich die freie Auswahl unter den Bewerbern vor. Wegen Besichtigung des Gastwirtschaftsanwesens wolle man sich an das Forstamt Rohrbrunn wenden.

Würzburg, den 24. März 1920. 3692

Regierung, Kammer der Forsten.

v. Henle. Grimm.

Im Frühjahr 1920 annoncierte die Regierung von Würzburg in mehreren Zeitungen, um das »Gastwirtschafts-Anwesen« in Rohrbrunn erneut verpachten zu können bitten, sich doch bei der Regierung für mich zu verwenden, daß mir wenigstens die 1500 Mark, die ich, wenn ich hier geblieben, erst 1899 und 1900 zu bezahlen gehabt hätte, geschenkt würden.

In dem ich mich der Hoffnung hingebe, daß Königliche Hoheit sich einer armen Witwe annehmen, zeichne unterthänigst, gehormsamst Wilhelmine Lahr, geb. Wehsarg.«

Es ist nicht bekannt, wie das bayerische Königshaus auf diesen Brief reagiert hat. In den einschlägigen Akten findet sich keine Notiz, aus der hervorgeht, daß die Restsumme für die Pacht erlassen worden ist.

Nichts mehr erinnert in Rohrbrunn an die Familien Wehsarg und Lahr. Nur die Namen sind geblieben. Bedeutungslos für alle, die den Spessart und Rohrbrunn nur vom Vorübergehen kennen. Der Letzte, der den Namen Lahr trug und das kleine, durch Rohrbrunn so geschmälerte Erbe hätte antreten können, der Sohn des im Jahre 1970 gestorbenen August Lahr, kam aus dem letzten Krieg nicht mehr zurück. »Vermißt in Bessarabien« steht auf dem Grabstein in Hobbach. In Rohrbrunn indes ging das Hin und Her um die Verpachtung weiter. Am 19.2.1907 meldete sich die Bayerische Actien Bierbrauerei als Interessent. Zum erstenmal ist ein Brief mit der Maschine geschrieben und hebt sich allein schon durch seine äußere Form von den anderen Urkunden ab.

Dann wieder wird ein Forstwart, Otto Ziegler, in die engere Wahl genommen, weil er sich »mit einem wirtschaftlich sehr tüchtigen Mädchen, der Tochter des Försters Katzenberger von Diana verehelichen wird« wie das Forstamt an die Regierung schrieb. Und dieser Umstand war schließlich ausschlaggebend.

Am 4. Dezember 1912 begann eine neue Ära für den Spessart und für Rohrbrunn. Die erste Motorpostlinie von Aschaffenburg nach Marktheidenfeld wurde offiziell eröffnet. Nun kamen mehr Gäste als je zuvor nach Rohrbrunn. Die Einöde wurde neu entdeckt und die verschwundene Romantik rekonstruiert. Aber die festliche Zeit, eng mit dem Prinzregenten Luitpold und den Hofjagden verbunden, fand bald ein Ende. Der Krieg brach aus und in Rohrbrunn wurde es wieder still und einsam.

Der letzte königliche Erlaß, der sich mit Rohrbrunn befaßte, stammt vom 21. September 1915. Der Frau Margaretha Ziegler, deren Mann als Infanterist in Frankreich war, wurde die Pacht gestundet. Nach dem Krieg, im Jahre 1920, sollte das ehemalige Jagdschlößchen für 55000 Mark als »Sommersitz an einen vermögenden Mann« verkauft werden; auch trug man sich in München mit dem Gedanken, im Schlößchen ein Sanatorium einzurichten. Die Pläne unterblieben. Die Krongutsverwaltung in München übergab den ehemaligen königlichen Besitz der Staatsforstverwaltung, der das Schlößchen Luitpoldshöhe heute noch gehört. Alle »Gegenstände von künstlerischem und musealen Wert« kamen nach München.

Am 27. April 1920 wurde das »Wirtshaus zum Hochspessart« in Rohrbrunn an August Jeßberger aus Rettbach bei Marktheidenfeld verpachtet. Am 10. Mai 1920 wurden dem neuen Pächter die Schlüssel der Gaststätte übergeben und die Geschichte vom »Wirtshaus im Spessart« begann an diesem Tag! Zwar kamen schlechte Zeiten, die Inflation entwertete das Geld, und am 30. Oktober 1923 mußte Jeßberger 5000 Millionen als Pacht überweisen. Aber das alles hinderte den gemütlichen, humorbegabten Gastwirt nicht daran, in Rohrbrunn zu bleiben. Von ihm übernahm August Grein das nunmehr als »Wirtshaus im Spessart« zu neuem Ruhm gekommene Gasthaus.

Die Legende

Die Legende umrahmte das »Wirtshaus im Spessart« mit unverdientem Glanz. Es begann mit den »Spessartmärchen«, die eine romantische Gloriole um das Wirtshaus legten, die Einöde zur friedlichen Insel inmitten eines gefürchteten Waldes machten und in Rohrbrunn das Glück ansiedelten, als habe es dort ein ewiges Heimatrecht. Die Sagen lösten die Märchen ab, und was sich Volkstum und Heimat betiteln durfte, nahm gerne Rohrbrunn und sein Wirtshaus zum Anlaß, um alle guten Taten, so wie sie friedliebende Menschen schenken, dort geschehen zu lassen. Aber auch andere kamen und erkannten den stillen, von Hauff begründeten Ruhm des alten Hauses. Sie formten die Überlieferungen zu wunderbar verdichteter Poesie, so daß eine ganze Welt darauf aufmerksam wurde. Ernst Bloch war nur einer von ihnen. Sie trugen dazu bei, daß die Legende lebendig blieb, und daß sie ihren märchenhaften, naiven Zauber verlor. Dann aber bemächtigte sich der Film des reizvollen Themas und der Regisseur Kurt Hoffmann ließ von Heinz Pauck und Luiselotte Enderle ein Drehbuch, betitelt »Das Wirtshaus im Spessart« schreiben. Die Autoren wußten mit dem Hauffschen Stoff nur wenig oder überhaupt nichts anzufangen und die Chronik von Rohrbrunn war ihnen nicht bekannt. Es blieb der Titel

Das »Wirtshaus im Spessart«

kurz bevor es eingerissen wurde

übrig, mit dem man nach Herzenslust fabulieren konnte. Das »Wirtshaus im Spessart« als Film ist eine heitere Räuberpistole mit allerlei Zufällen und Zutaten vermischt, eines jener harmlosen Spiele, deren literarischer Wert nicht zur Debatte steht, weil das Element der Unterhaltung bevorzugt wird und sinngemäß eingesetzt ist. Und wenn der Film »Spukschloß im Spessart« noch angeführt wird, so nur deshalb, weil er als Fortsetzung des Films »Das Wirtshaus im Spessart« herausgestellt und dementsprechend auch gewürdigt wurde. Das »Farbfilm-Grusical«, wie geschäftstüchtige Manager der modernen Filmbranche den Film nannten, erdachten Günter Neumann und Heinz Pauck, und abermals führte Kurt Hoffmann die Regie.

Und ganz nebenbei muß auch an das Schauspiel »Die Räuber im Spessart« von Axel Plogstedt erinnert werden, ein »romantisches Schauermärchen«, das den Hauffschen Text verfremdete, und daraus eine »fast historische Komödie« entstehen ließ, die in Nürnberg am 1. Juni 1974 ihr Uraufführung hatte.

Dies alles hat mit der Chronik nichts zu tun. Die bunten Bilder der Gegenwart, reizvoll für das Publikum gemalt, mit grellen Farben und falschen Perspektiven, übertünchten die Geschichte. Wer wußte etwas von der Hoffnung derjenigen, die in Rohrbrunn ihre Heimat suchten? Wer ahnte etwas von dem Glauben an das Glück, mit dem die tapferen Posthalter immer aufs neue der Zukunft entgegentrotzten? Wer kannte die Tränen der Frauen, die in Rohrbrunn so manchen Traum begraben mußten? Wer möchte dies auch wissen, angesichts so hübscher Interpretationen mit denen das Wirtshaus im Spessart festlich umrahmt worden ist. Unter der weiten hellen Fläche, auf der heute die Raststätten in Rohrbrunn liegen, über die silberglänzend die Autobahnen ihren Bänderschmuck ausbreiten, ist tief in der Erde vergraben das Fundament vom uralten Wirtshaus, das jahrhundertelang dafür sorgte, daß Postreiter, Kutscher, Fuhrknechte und Reisegesellschaften dort anhielten und eine Rast einlegten. Sie alle brachten einen kleinen Schimmer der großen Welt in die Einöde, die davon zehrte, wie eine vergessene Blume von einem späten Sonnenstrahl.

Die neue Zeit hat alles überdeckt und die Chronik mit freundlich heiterem Glanz – modern poliert – geschlossen. Und alles was noch kommen mag, um die Legende vom Wirtshaus im Spessart zu nähren, ist nicht einmal ein Schatten der Wahrheit. So blieb uns die Legende mit ihrem stillen Zauber der Erinnerungen und schenkt uns immer wieder das »Wirtshaus im Spessart« neu und frei von aller Phantasie. Und wir erzählen uns vom unvergessenen Gestern, das Wilhelm Müller aus Amorbach so schön beschrieb:

»Wenn man die Straße verfolgt, die vom Main her quer durch den Spessart leitet in fränkisches Land und zum rebenumsponnenen Würzburg – mäßig steigt sie hinan und erklettert den Grad des Gebirges langsam, behaglichen Schritts gewinnt man die Höhen im Schatten prächtigen Waldes – erreicht man ein einsames Wirtshaus im Grünen, schlicht, wie's der Fuhrmann liebt und der Waidmann nimmer verachtet, kehrt er vom Pirschgang heim, – ein Wirtshaus gemacht für Poeten!«

So in das Bewußtsein der Allgemeinheit gerückt, ist das Wirtshaus im Spessart auch heute noch gegenwärtig, obwohl es nicht mehr steht. Rohrbrunn hütet sein Vermächtnis, mehr noch als das Märchen von Wilhelm Hauff, das mit den Worten endet:

»Und so geschah es, daß der wackere Meister Goldschmied nur friedliche und freundliche Erinnerungen hatte, wenn er zurückdachte an das Wirtshaus im Spessart.«

Bildnachweis

Seite 12/13: Bertram-Luftbild, München-Riem,
Freig. Reg. v. Obb. G 4/7403
Seite 24, 37, 42, 61: Germanisches Nationalmuseum
Nürnberg
Seite 68: Foto Peter Graf von Ingelheim,
Schloß Mespelbrunn
Seite 77, 93, 95, 96: Staatsarchiv Würzburg
Seite 82, 87: Bild-Archiv Kultur u. Geschichte
G.E. Habermann, Gräfelfing b. München